U0126376

陳慶浩．王三慶主編

越南漢文小說叢刊 第二册

皇越春秋

臺灣學生書局 印行

「越南漢文小說叢刊」總序

以漢文字爲書寫工具的地區，我們稱爲漢文化區。漢文化區以中國漢文化爲主流，但亦應包括朝鮮、越南、日本、琉球等地區。長久以來，這些國家以漢字爲表達工具，創作了大量的漢文作品，與中國相對而言，可稱爲域外漢文化區。

域外漢文化區採用漢字寫作已有千年以上的歷史，直到上世紀末、本世紀初，由於政治及其它種種原因，各國方才逐漸停止使用漢字寫作，但民間仍有繼續使用漢字者。第二次大戰後，漢字寫作基本上從這些國家消失。（但產生了以華裔爲主的域外漢文作者，這是另一研究範圍。）朝鮮、越南和日本（包括琉球），保存了大量漢文獻，這些文獻涵括經史子集四部，應有盡有。既是各國重要的文化遺產，也是整個漢文化不可或缺的部分。但很可惜，由於教育的原因，域外漢文化區能閱讀漢文獻的人已經愈來愈少，加上政治及其它因素，除日本外，這些國家的漢文獻在過去相當長的期間內，得不到妥善的保存，遑論再作有系統的整理研究；甚至被認爲非本國文化。近年來，情況有所改變，韓國對本國漢文獻的整理研究已取得不少的成績，越南亦開始這方面的努力。但由於長期地抑止漢文，域外漢文化區對本國漢文化的研究只成了少數專家的工作。對各國漢文獻的整理和研究，最起碼的是掌握漢字，這是專家們所應有的基本訓練；但除此之外，由於各國漢文獻的內容跟整個漢文化，特別是主流的中國漢文化不可分割，就要求專家們同時擁有這方面的知識，而一般的研究域外漢文化的專家，除了對本國漢文獻有較深的了解外，很少能同時對中國漢文化和其它支流漢文化有足夠的認識，這就使得他們對本國漢文化的整理和研究受到相當的限制。

作爲漢文化主流的中國，以漢字爲書寫工具的傳統，從沒間斷，本來是最有條件對漢文化世界作整體研究。但中國知識分子，向來對其它支流文化採取不聞不問的態度，對這些地區的漢文化瞭解甚少，公私藏書中，域外漢文獻更是罕見。近年，由於國際之往來，中國對域外漢文化已有零碎的研究，但是還沒有形成風氣，不是有計畫、有系統的研究。因而域外漢文化研究還只是起步，而由此向前推進一步的漢文化整體研究，仍是一片亟待開發的荒原。

漢文化整體研究的重要性是很顯然的，它不僅有助於瞭解中國漢文化在域外的傳播和發展，足以豐富中國漢文化的知識，對朝鮮、越南、日本諸國的漢文化的認識，更具重大意義。只有通過整體研究，才能將他們在漢文化中的位置、對中國漢文化的吸收和發展等眞象全面顯示出來。不透過支流和主流關係的研究，不將各支流加以比較研究，域外漢文化各區的特質就不易清楚，而這正是目前各國研究的弱點。他們只就本國文化作研究，最多是溯源到中國漢文化，却極少與其它支流從事比較研究，如此，本國文化的特質就不易顯示出來。

漢文化的整體研究可以開拓傳統漢學研究的領域。傳統漢學只是研究中國漢文化，忽視域外漢文化區的研究，將他們看成是朝鮮學、越南學、日本學的研究範圍，這就限制了漢學家對整個漢文化的了解。另一方面，從事朝鮮、越南、日本研究的學者，一般又只限於現代的研究，也受到漢文素養的限制，不易上溯到該國古典文化。縱使研究者能夠掌握漢文，如非從事整體研究，視野仍受局限。因而漢文化的整體研究將使得被傳統漢學、朝鮮學、越南學、日本學研究所棄置的域外漢文化資料，納入漢學研究的範疇中，形成一個超越國界文化區的綜合研究。採用新的資料，採用比較的研究方法，就很自然的能獲得新的研究成果。

域外漢文化涵蓋學術之各方面，需要種種專家通力合作，才能進行全面的研究。作爲文學研究工作者，我們選擇域外漢文學爲我們研究的對象。域外漢文學以漢詩、漢文爲大宗，在傳統的漢文化觀念下，詩文才屬正統文學，因而，各國漢文學研究，漢詩、漢文備受重視。一部日本漢文學史，幾乎就只是日本漢詩漢文史。朝鮮、越南文學史中較不注重漢文學，漢文學只佔其中有限的篇幅，而且幾乎全部談論漢詩漢文。在古典漢文化中，小說向來受到輕視。各國政府禁毀書籍中，小說每每首當其衝。傳統中對小說的保存、記錄、研究都很不夠。域外漢文學中，小說最鮮爲人知，亦最少作爲研究對象，這也是朝鮮、越南、日本各國文學史家，較少論述本國漢文小說的重要原因之一。

但在域外漢文學中，最能表達本民族特質的恐怕要推小說了。各國的漢詩漢文，常是模倣自中國漢詩文，且又受到篇幅的限制，難以對本民族精神作深刻的表現，因而在文學研究中，我們選擇小說研究作爲起點。很多域外漢文小說只以抄本形式流通，其中有的已在該國失傳，幸好尚保存在國外，有的則根本消失。目前域外漢文小說在各國收藏和研究的情況極不一致。日本漢籍保存最好，由於和文小說發達較早，漢文小說數量甚少，幾乎未曾引起文學史家的注意。朝鮮漢文小說數量甚多，近年來無論在本國，還是在外國，都有人從事整理和研究。成績雖然不盡理想，畢竟已漸重視。相形之下，越南情況較差。首先是越南語拉丁化和殖民地的教育，使越南有半個世紀時間割斷和本國漢文化的聯繫，獨立初期的越南仍繼續對漢文化抱敵視的態度；再者，中南半島的氣候本不宜保存古籍，加以連年戰爭的破壞，使得越南漢籍的保存研究在整個域外漢文化區中較爲後進。目前可能讀到的越南文學史，原就忽視本國漢文學，至於漢文小說則幾乎不曾提及，這反映當代越南人的某些政治思想，亦表現出他們對本國漢文小說的了解不深。這些小說，有的反映出越南民族獨立的要求，即使在狹窄的愛國主義觀點下，也應受到重視。由於這些資料仍未被發掘整理和研究，使得我們將越南漢文小說的整理和研究，列爲整體域外漢文小說研究計畫的第一步。

越南漢文小說研究的首要工作是資料的搜集、整理。目前我們所能掌握到的資料，估計現存越南漢文小說大約三十部，約三百萬字左右，大部分是抄本，只有少數刻本。抄本的質量通常不高，需與異本校勘；刻本間也有不同版本可供校勘的。由於這些資料只存在越南、法國和日本的一些圖書館中，不是一般研究者所能接觸，因此作爲越南漢文小說研究的最基本工作就是根據這些資料，經過校勘，編出一套越南漢文小說叢刊，使研究者有機會接觸並使用這一批材料。校勘不單是文字異同的比較，且要根據整個漢文化的知識尋求恢復原作的面貌。且爲幫助讀者的瞭解，在每部書前，對作者、版本源流、內容等略作說明。

越南漢文小說依其性質，可分爲下列五大類：

一、神話傳說　如「粵甸幽靈錄」、「粵甸幽靈集」、「新訂校評越甸幽靈集」、「嶺南摭怪」、「嶺南摭怪列傳」、「天南靈籙」、「南國異人事跡錄」等等。這些是越南民族國家和事物起源的神話和傳說，亦包括神祇傳記。

二、傳奇小說　收集到的有「傳奇漫錄」、「傳奇新譜」、「新傳奇錄」、「聖宗遺草」、「見聞錄」、「越南奇逢事錄」等等。因最早一部以「傳奇」命名，以後的仿作又陸續使用「傳奇」爲書名一部分，故採作本類總名。這批小說是文言短篇，類似唐人小說。

三、歷史演義　輯錄的有「皇越春秋」、「越南開國志傳」、「皇黎一統志」、「皇越龍興志」

四種。自十五至十九世紀的越南歷史，幾乎盡入演義中。

四、筆記小說　最早的當推「南翁夢錄」，此外有「公餘捷記」、「南天珍異」、「聽聞異錄」、「山居雜錄」、「雲囊小史」、「大南顯應傳」、「滄桑偶錄」、「安南古跡列傳」、「南國偉人傳」、「南天忠義實錄」、「科榜標奇」、「人物志」等等。這一類是以人物事跡爲主。

五、現代小說　這是本世紀以來，受西方文化和中國白話文學影響而創作的現代白話小說，數量不多，勉強算作一類，可以視爲上四類的附錄。

由於歷史的原因，越南漢文獻在國外藏量最多的，首推法國。法國遠東學院、亞洲協會、國家圖書館、東方語言學院圖書館、基美博物館圖書館和天主教外國差會等處，都藏有越南漢文喃文書。其中以遠東學院所藏最爲重要。遠東學院於一九〇一年創立於越南河內，數十年間搜集了大量中國、越南以及東南亞各國資料。一九五四年越南獨立，遠東學院搬回巴黎，中越圖書全留河內，移交越南政府。其中部分重要書籍製成微卷，分存巴黎、西貢兩地。五十年代以後，該院駐西貢辦事處又從越南南方購得書籍一批，與原有的微卷構成越南漢喃書籍的重要收藏，這是此套叢書主要資料來源。曾經是遠東學院研究員的著名學者馬伯樂（Henry Maspēro）和戴密微(Paul Demēville）教授，都曾在越南住過，並收藏不少的越南漢文書，他們的藏書在逝世後都捐給亞洲協會圖書館。兩氏的越南藏書中頗有漢文小說資料，是我們這套叢書資料的另一重要來源。其它法國圖書館雖也收藏不少的越南書籍，但小說資料不多，就不一一述及了。

編纂越南漢文小說叢刊是由我發起的。多年來我留心搜集這方面資料，並作初步的標點和校勘。但資料數量很多，全面校勘需要大批人力，身處海外，缺乏條件。且因我有其它研究工作，不能將全部時間投入漢文小說整理和研究中，這些資料一直沒有整理出版。當然，要找到願意刊印這批冷門的研究材料的書局也不容易。一九八二年，我到臺北，和朋友們談及漢文學研究的構想，提到出版越南、朝鮮、日本三國漢文小說叢書的計畫，臺灣學生書局惠允出版這套叢書，中國文化大學中文系教授王三慶兄又應允負責主持校勘工作，並於該校中文研究所成立校勘小組，成員有鄭阿財、朱鳳玉、郭長城、廖宏昌、許鳴鏘、陳益源、康世昌、謝明勳等，分別對各書進行校勘和標點工作。三慶兄並邀得龍思明女士，負責將資料中雜入少數字喃翻成漢文，至此萬事俱備。經過多年辛苦的校勘整理，終於告一段落，始能推出排版。

這次出版的是越南漢文小說第一輯，約爲現存越南漢文小說百分之六十左右。其它小說有的版本尚未集全，且校勘仍需時日，只好留待下輯出版。本輯共分七册，第一、二册爲傳奇小說，包括：「傳奇漫錄」、「傳奇新譜」（附「段氏實錄」）、「聖宗遺草」、「越南奇逢事錄」四種；第三、四册是歷史演義，包括：「皇越春秋」、「越南開國志傳」；第五册是「皇黎一統志」；第六、七册則爲筆記小說，包括：「南翁夢錄」、「南天忠義實錄」、「人物志」、「科榜標奇」、「南國偉人傳」、「大南行義列女傳」、「南國佳事」、「滄桑偶錄」、「見聞錄」、「大南顯應傳」等共十種。至於這套叢書的校勘事項，參見「校錄凡例」，各書的個別問題，則參考各書前的「出版說明」。「出版說明」除指出所用版本及校勘諸問題外，又介紹該書的作者資料。各書校勘者芳名標於該書扉頁。三慶兄和我將校稿各看了一遍，作成最後定稿。

這套叢書得以順利印出，首先要感謝法國遠東學院院長 Gross 教授和圖書館館長 Rageau 夫人，他們贊同我所提出的漢文化整體研究的構想，接納我在遠東學院建立漢喃研究小組的建議，使得越南漢文小說研究計畫成爲學院研究計畫的一部分，因而得以充分利用該院的資料和設備。遠東學院並與學生書局合作出版這套叢書。我的越南同事、漢喃研究組成員謝仲俠先生，以他賅博的越南漢籍知識，提供我搜集資料及撰寫「出版說明」的線索，又提供他珍藏的日本東洋文庫「舊編傳奇漫錄」的膠捲，衷心銘謝。我的研究助理譚惠珍小姐自始至終參與資料的搜集和標校工作，備極辛勞，深爲感謝。

我還應該感謝法國漢學院院長、巴黎第七大學教授吳德明（Yves Hervouet）先生、法國亞洲協會圖書館負責人、高等社會科學學院蘇梅野（Michel Soymié）教授和法國科研中心中國文學歷史研究組負責人、高等社會科學學院侯思孟（Donald Holzman）教授的支持和協助。

本書出版是王三慶教授所領導的中國文化大學中文研究所「越南漢文小說校勘小組」成員的勞績。

最後感謝臺灣學生書局諸位執事先生對文化的熱誠，同意出版這麼一部冷門書。臺灣大學外文系教授王秋桂兄大力協助本書出版，亦於此誌謝。

陳慶浩　一九八五年十月於臺北

「越南漢文小說叢刊」校錄凡例

一、本編小說一律選擇善本作底本，各本文字則據底本原文迻錄。

二、除底本外，若有其他複本可資參校，間有異文，並擇善而從，且加註說明，以存底本眞象。

三、唯因異文數量頗夥，故除傳奇漫錄作全面採錄外，他書僅擇錄對於文義、修辭等具有參考價値之異文。若語氣辭等不具特殊意義之異文，爲省篇幅，一律不加採錄及說明。

四、若文句未順，又乏校本可據者，爲使讀者得一通讀之善本，則據文義校改，並加註說明，以存底本眞象。

五、凡爲補足文義，若有意加文字，則以〔 〕號示別。若爲譌錯之通假字，則在原字下加（ ）號，增列通行正字，供作參考，以別正文。

六、原底本若經抄者自校，或經藏者改正，但錄改正後之文字，並一律不加註文說明。若是後人臆改，而不從其改後文字，必加註說明。

七、凡底本或校本俗寫、偏旁誤混之字，隨處都有，此抄本常例，今皆根據文義逕改，不煩加註，以省篇幅。

八、又迻錄時，皆加標點分段，並加專有人名、書名、地名號，普通名詞則一律從略。

九、凡正文下雙行註文，一律小字單行標示，唯其加註位置或誤，則移至適當地位，並加註說明。又如傳奇漫錄註文極多，爲不影響正文閱讀，則移至正文後校註中，凡此等移動，今皆加註說明。

十、凡正文中偶有喃文，一律譯作漢文，並加註說明。

皇越春秋　目錄

中集二十回

下集二十回

許鳴鏘校點

皇越春秋

皇越春秋 出版說明

本書分初中下三集，每集三十回，共六十回。述天聖元年庚辰（一四〇〇）至順天元年戊申（一四二八）越南史事及其與明朝之衝突。作者姓氏年代無考。此書採用歷史演義形式，分回，回有回目，回前回末均有套語及回末聯，頗多詩讚評論，又有雙行批註，評論史事、人物。此本抄本頗多，未見刊本。現就知見略述於後：

(一)馬伯樂原藏本，現存法國亞洲協會圖書館，編號H. M. 2184，半葉八行，行廿七字。此本俗體字極多，如以「㕠」作「懷」，「㤪」作「怨」，「咱」作「聽」，「労」作「勢」等等，不勝枚舉。

(二)法國遠東學院原藏本，編號爲A3215，現存越南河內漢喃研究所。半葉七行，行二十一、二字。此本抄寫甚工，惟第十九回脫行，第二十回起頗刪批註。

(三)新書院藏本，扉頁作「皇越春秋」，正文首頁則作「皇朝春秋卷之一」。正文半葉八行，行三十字左右。此本曾影印，附於一九七一年西貢越文譯本之後，只得四十回。

(四)法國國家圖書館藏本，編號A69（1～2）。此本正文改動頗多，似較上述三種爲後，且有後人添加夾批。

此外又有遠東學院原藏，編號A13抄本，越南漢喃研究所藏編號VHV1683、VHV2085二種抄本。以上三本現藏河內，未目驗。

此次校勘以㈠爲底本，㈡爲甲本，㈢爲乙本，共相參校。㈣因差別較大，爲後人所改，不收。就校勘得知，底本、甲本各自成系統，彼此間無直接關係，非父子本亦非兄弟本，乙本則介於二系之間。此次校勘，底本如可通讀，則不更改，甲乙本有重要異文，則入校記中。如底本誤失，則採甲乙本正文，亦於校記中說明之。

皇越春秋

書影

書影

皇越春秋

第壹回、

傳敘曰、

有德則治、　邦乃其昌、　無德則亂、　天促其亡、

亂臣賊子、　百世逢殃、　忠君愛國、　千載流芳、

兵窮武黷、　妄逞自彊、　神怨民怒、　罔克胥匡、

忠臣義士、　聖帝賢王、　人歸天與、　祚久年長、

陳子孫恃彊失國、　胡父子肆虐專君、

話說天下大物也、自非聖德好生、神武不殺、不足以當之也、為人牧者、

皇越春秋　第一回

不可恃富強、而文德不修武功不競、甚至於教化淪於上風俗壞於下、雖強如秦富如隋、亦不能救亡國敗家之患也、陳太宗受天明命、布德行仁、民安國泰、南北交通、歷傳六世、至憲宗開祐年間、帝祖尊之餘烈、承給足之宏基、國政不修、荒淫無度、其兄叔明逼死而自立、是為裕尊、在位三十八年、傳國于弟日煓為藝宗、在位三年、崩、其弟日煒為睿宗、此辰裕宗雖老、寔專制國政、恃其國富兵強、與占城構兵、數侵北朝思明之地、建官分治、餽餉不絕、府庫空虛、政煩賦重、民不聊生、盜賊相尋、權臣僭竊、裕宗崩、其臣黎季犛弒睿宗立裕

書影

畢、群臣奏請太祖陞東閣、擇日即皇帝位、建國號大越、紀元順天、丙午順天元年、秋八月、丙午、大赦天下、封賞功臣、拜阮廌為太保、濟文侯、黎善為太傅、興邦公、善固辭曰、善幸為皇弟、此已極矣、不敢豫聞國政、乃止、於是陞擢官僚、褒贈諸死節之臣、開科取士、文書調役、務從寬簡、天下太平、四民樂業、朝廷閒暇、邊鄙無虞、誠一虞周之宇宙、始知有大德者天與之、固不恃富強而天下自治矣、

皇越春秋

初集二十回[1]

傳敘曰：

有德則治，　邦乃其昌。　無德則亂，　天促其亡。
亂臣賊子，　百世逢殃。　忠君愛國，　千載流芳。
兵窮武黷[2]，　妄逞自強。　民怨神怒[3]，　罔克胥匡。
忠臣義士，　聖帝賢王。　人歸天與，　祚久年長。

第一回❹

陳子孫恃彊失國　胡父子肆虐❺專君

話說天下大物也，自非聖德好生，神武不殺，不足以當之也。爲人牧者，不可恃富強，而❻文德不修、武功不競，甚至於❼教化淪於上，風俗壞於下❽，雖強如秦，富如隋，亦不能救亡國散❾家之患也。陳太宗受天明命，布德行仁，民安國泰，南北交通，歷傳六世。至憲宗開祐年間，席祖宗❿之餘烈，承給足之宏基，國政不修，荒淫無度，其兄叔明逼死而自立，是爲裕宗。在位三⓫十八年，傳國于弟日熩，爲⓬藝宗。在位三年，崩⓭，其弟日煒繼立，爲睿宗。此時⓮，裕宗雖老，寔專制國政，恃其國富兵強，與占城構兵，數侵北朝，思明之地，建官分治，餽餉不絕⓯，府庫空虛，政煩賦重，民不聊生，盜賊相尋，權臣僭竊。裕宗崩，其臣黎季犛⓰弒睿宗，立裕宗子日焜爲廢帝，改元昌符。時北朝明洪武知之，遣行人日讓移書責之。季犛暴虐日甚，廢日焜，立藝宗子顒爲順宗。又弒⓱順宗，立其子案利⓲，在襁褓之中，因而斃之。又大殺陳氏，自稱爲舜後胡公滿之後⓳裔，竄姓名爲胡一元。子漢蒼，易名烜。

庚辰天聖元年，時季犛自僭位，國號大虞，紀元天聖。篡位一年，自稱太上皇⓴，傳位㉑其子漢蒼，改元紹成。

辛巳紹成元年，漢蒼上表北朝，詐稱陳氏絕，烜爲陳甥，求㉒權署國事，明太宗不知其詐㉓，許之。壬午二年（明成祖永樂元年）閏㉔十一月，明遣使封漢蒼爲安南國王。癸未三年（明㉕永樂二年）夏六月，漢蒼命尚書黃晦卿奉表歸北朝侵地。卿領命卽行，群臣送出郭㉖外方回。漢蒼告㉗侍臣曰：「朕今爲帝，群僚百姓未徧其德，應賜大脯三日。」卽時詔下，內外聞之，通衢朱雀，張設宴樂，笙歌互奏，燈燭㉘輝煌，舉天皆㉙不夜。君㉚臣當宴飲間，適有邊書回奏：「陳天平在老撾招兵習㉛馬，幾欲犯關，願㉜陛下遣將擊之。」漢蒼曰：「天平孤窮外國，雖欲逞兵，無能爲也。」勅兵部飭各關隘以兵追之，勿使近關。兵部飭了，復與群臣玩賞，肆一醉於崇朝，飛千觴於長夜，窮奢極欲，無物不有，盡三日之歡，百姓貢獻勞費，而漢蒼不之覺。又命內監遍尋天下，凡有美女，卽將入貢，（好、好、好、好。）不順者罪夷三族。內監得令，出外脅淫婦女，（可謂皇帝先嘗官爲是。）無有㉝畏忌。不一月，將回三千人，極於㉞美麗。漢蒼命入侍上皇三百人，存留宮中奉侍。於是三月不顧㉟朝政，日夜宿在後宮，與兒女戲悅，忽有近臣奏曰：「邊臣覘得陳天平入于中國，乞兵復讎，這關㊱甚大，請陛下出朝議事㊲。」漢蒼曰：「此事未卜實虛，玆因正旦屆期，例有使人入明朝慶賀，卿出㊳，御史趙允恭往㊴使，細作眞膺如何後㊵，朕另議。」正是：

莫解春心能誤事，　誰知尤物足移人。

未知天平如何，且聽下回分解。

【校勘記】

❶五字據甲本補。

❷「兵窮武黷」乙本作「窮兵黷武」。

❸原作「神怨民怒」，據甲本改。

❹三字原在「傳敍曰」上，據乙本移。

❺「肆虐」乙本作「恣虐」。

❻「而」字乙本無。

❼「於」字甲乙本無。

❽此句甲本無。

❾「散」字甲乙本作「敗」。

❿「席」甲本作「藉」，「宗」原作「尊」，據甲乙本改，按二字諸本互見，今一律作「宗」，文煩不註。

⓫「三」甲本作「二」。

⓬「為」字上甲本有「是」。

⓭「崩」字上乙本有「而」。

⓮「時」原作「辰」，諸本二字互見，今一律作「時」，文煩不註。

⓯「絕」字甲乙本作「息」。

⓰「犛」字原作「釐」，依甲本及下文改，乙本作「犁」。

⓱「弑」乙本作「殺」。

⓲「宊」「古害字」。

⓳「後」字甲乙本無。

⓴此句甲本無。

㉑「位」字甲本無。

㉒「求」字甲本作「請」。

㉓「知」字甲本作「察」。「詐」字下乙本有「乃」字。

㉔甲本無「閩」字。

㉕甲本無「明」字。

㉖「郭」字甲本作「郊」。

㉗「告」字甲本作「謂」。

㉘「燈燭」甲乙本並作「燈火」。

㉙「皆」字甲本無。

㉚「君」字甲本作「群」。

㉛「陳」字乙本無，「習」甲本作「集」。

㉜「願」字甲乙本作「請」。

㉝「無有」上甲本無雙行註，「有」作「所」字。

㉞「於」甲本作「其」。又「美麗」下甲本無「漢蒼」二字。

㉟「顧」甲本作「理」。

㊱「這關」甲本作「關係」。

㊲「事」下乙本有「未可暇也」雙行註。

㊳「例有使人入明朝慶賀，卿出」甲本作「例有使人朝明慶賀，卽」。

㊴「往」字甲本作「出」。

㊵「後」字甲本作「俟」。

㊶原作「且聽下文便見」，乙本作「且看下文分解」，今從甲本。

第二回

陳天平乞憐上國　裴伯耆告急中朝

却說陳天平乃陳聖宗之孫，天明之子也。當叔明逼死憲宗之時，以事切責，叔明欲誅之，天平恐禍及，遂逃于老撾。後聞季犛、漢蒼❶篡國，欲激義❷復讎，而漢蒼遣邊臣追逼，自謀與老撾宣慰使刁綠請入中國乞憐。刁綠乃寫表遣使調❸護天平如明。此行側徑❹懸崖，登山涉水，既離南地，遙望北京，山河城郭依然，市井閭閻不❺斷，「萬物靜觀皆自得，四時佳興與人同，」誠是太平一景象❻。因起興一❼小律云：

九衢文物壯京華❽，處處鳴鐘❾鼎食家。
客裏清愁無可奈，衣冠誰❿是舊山河。

吟畢，就館驛安歇。明日上表，時明成祖御翠微宮，覽表宣旨，召天平入覲⓫。明侍郎王俊引天平跪于龍庭，奏曰⓬：「陳家後裔，聲教外臣，恭遇天朝⓭，率先歸順，受封數世，撫有南邦。運值中微，逆臣僭僞，飭奸⓮造詐，弒主逆⓯民，臣幸以方外見遺，窮荒隱伏，方欲招軍討賊，逆黨見追，（照應上文漢蒼遣邊臣追逼。）⓰左右散亡，倉皇出走，艱難跋涉，始達中原，瞻望朝廷，無由控告。幸今皇上入承正統，率由舊章⓱，伏望陛下天地父母生成之德，恤及微臣，世守南邦⓲，恭修職貢。季犛父子造虐⓳滔天，臣誓不與此賊俱生矣⓴。」（說出不吉）因叩頭流涕㉑。

成祖憐而納之，詔出禮部安置㉒，俟朕別有區處。天平拜謝退去㉓，傍有少卿李惟嚴奏曰：「近有安南陳舊臣清沔扶內人裴伯耆㉔，亦來告急，請討季犛，願爲前㉕驅，自比申包胥，今候在門外，未㉖敢放入。」成祖曰：「既如此，宣入朕問。」侍衞引伯耆拜伏于地，成祖曰：「卿係故臣，何不早來申報，今事在燃眉，噬臍何及？」伯耆奏曰：「臣事陳王，恩深澤厚，第桑榆晚景㉗，以老歸休，每欲起義以征㉘仇，只恐其力之不贍，痛心疾首，廢食忘餐㉙，遙望君門，遠隔千里，不辭艱險，跋涉而來，仰聖皇弘興亡㉚繼絕之仁，肆微臣㉛得討賊復讎之義，事雖萬死，臣亦不辭。」（又說一死字）㉜奏畢，淚下如雨。成祖聞之，甚憐㉝，言曰：「此事朕已知之，昨者天平已來乞憐，朕既許允，今住在禮院中㉞，卿來相見，俟朕遣人送回未遲。」伯耆聞得㉟故主亦在於此，喜不自勝，拜謝出來去了。會有漢蒼遣賀正旦使者來，成祖曰：「試令使者與天平相見，看他如何對答。」遂詔禮部出天平見之。趙允恭識故王孫，皆錯愕下拜，有感泣者。伯耆以大義責允恭，恭惶恐不能對。成祖聞之，謂侍臣曰：「季犛父子無道弒主，暴虐國人，而臣民共爲蒙蔽，是萬世之罪人也，宜舉兵誅之，誠爲合理。」正是：

　　賊子亂臣天共怒，　　弒君僭國地難容㊱。

未知舉兵如何，且聽下回分解㊲。

【校勘記】

❶「季犛漢蒼」甲本作「胡氏」。

❷「義」字下甲本作「以」。

❸「調」字乙本無。

❹「側徑」甲本作「往反」。

❺「不斷」甲本作「未斷」，其下無「萬物靜觀皆自得，四辰佳興與人同」。

❻「是」字甲本作「為」，無「一」字。

❼「一」，甲本作「賦」。

❽「衢」、「壯」甲本作「天」、「北」。

❾「鳴鐘」甲乙本作「鐘鳴」。

❿「誰」字甲本作「仍」。

⓫「覲」字甲本作「見」。

⓬甲本「庭」作「墀」，「日」字下甲乙本有「臣」字。

⓭四字據甲乙本補。

⓮乙本「偽」字作「竊」、「奸」作「偽」。

⓯「逆」甲本作「殘」，乙本作「虐」。

⓰甲本無雙行註。

⓱甲本無「貼望朝廷，無由控告，幸今皇上入承正統，率由舊章」，乙本「正統」作「大統」。

⓲乙本無「天地」二字，「邦」作「方」。

⓳「造虐」甲本作「罪逆」，乙本作「造逆」。

⓴「誓不」二字甲乙本移置「賊」字下。又甲本無「矣」字。又甲乙本無以下雙行註。

㉑「涕」字甲本作「血」。

㉒甲本「出」字作「就」，「置」作「歇」。

㉓「退去」，甲本作「而去」，乙本作「退出」。
㉔甲本「陳」字下有「氏」，無「清沔扶內人」。
㉕「前」字乙本作「先」。
㉖「未」字甲本作「不」。
㉗「晚景」乙本作「影晚」。
㉘「征仇」甲本作「復仇」。
㉙「廢食忘餐」甲本作「廢寢忘餐」。
㉚甲本「仰」字下有「望」，「亡」字甲乙本作「滅」，「弘」字乙本作「施」。
㉛「肆」字乙本作「賜」，「微臣」甲本作「臣子」。
㉜甲本無雙行註。
㉝「淚下如雨，成祖聞之，甚憐」乙本作「淚如雨下，成祖憐之」。
㉞甲本「旣」字作「已」，「禮」字下有「部」。
㉟「聞得」甲本作「得聞」。
㊱「弒」字乙本作「殺」，上同。又「僭」字甲乙本作「篡」。
㊲「且聽下回分解」乙本作「且看下文分解」。

第三回

明御史齎勅問罪　胡侍郎上表請歸

却說明成祖知漢蒼多行不義，乃大會文武群臣，問以安南事務，新成侯張輔奏曰：「季犛反覆，暴虐百端，罪惡莫大，今因國中❶多變，陳氏祚終，舉兵執胡氏父子而歸❷，郡縣其民❸，以絕後患。」（張輔狼心❹已露於此）大學士楊榮曰：「安南之國係是蠻方，風俗不同，禮儀❺各異，得其民不可治，得其地不可居，（果然如此）莫若置之度外，使彼各自區處，成敗不關❻於我，得失卽委是他，如此，則朝廷不動兵端，而陛下不勤遠略矣。」成祖問尚書黃福曰：「卿意如何❼？」對曰：「陛下堂堂中朝，奄有四海，普天之下，莫不爲❽臣。且陳氏從前累世❾爲臣子，雖權臣弑逆，而後裔尚存，若棄而弗問❿，則非推亡固存之義。以愚觀之，宜先遣人問罪，使迎天平，歸其國政，彼若貪權固位，則舉兵誅之，立其陳氏⓫，統治交人，永爲臣妾，此陛下誠得仁者事⓬小之意也。」成祖曰：「卿之言是。」乃命禮⓭部修勅。

甲申四年（明永樂三年）⓮春正月，明遣御史李琦、行人王樞齎勅往安南，問季犛篡陳氏之罪⓯，李琦等至安南，漢蒼率群臣候于道左，奉勅書回殿庭開讀。勅曰：

汝季犛父子，暴虐深重，不可勝誅，理準誓師，進討往罪；朕第⓰念南國生靈，橫羅鋒刃，勅御史李琦、行人王樞⓱前來曉諭：宜改過自新，迎天平⓲歸國，還其⓳社稷，庶無赤族之誅。欽哉⑳！

漢蒼閱讀畢，默然，命請明使出宮驛，設宴相待。會趙允恭使還，將天平事體㉑奏了一遍，漢蒼會群臣商議，終日不決。季犛自內殿閃出㉒，言曰：「朝廷文武，不爲乏人，只徒尸位，不知權變，朕殫一計，使我㉓南朝君宰，安如盤石。」（其計如何，使人猜之不得。）群臣叩頭謝曰：「上皇㉔有何聖略，可使㉕無虞？」季犛曰：「修表遣使，先往㉖謝罪，後請天平歸國，如此無㉗憂矣。」群臣拱手問曰：「天平復國，怎得無憂？」季犛曰：「此時便見，何必問朕。」皆不敢復言。自修表遣侍郎阮景眞隨李琦如明，漢蒼與文武㉘送出門外返回。景眞此行，雲程萬里，柳舍低徊，風月三更，梅亭住宿，擡頭日近長安，縱目星臨㉙帝里。李琦等引入拜上。表曰：

臣漢蒼叩首㉚稽首，謹奉表陳謝㉛，臣冒瀆天威，罪甘王法。幸聖上㉜廣好生之德，故邊臣蒙不死之恩，一室無虞，萬民有慶。伏乞天平還國㉝，重恢交趾山河，陳氏中興，撫治㉞安南黎庶，願還國政，永保鴻圖。謹謝㉟。

成祖覽畢，言曰：「南國㊱逆臣，猶知自悔，（豈㊲有是事）情亦可㊳寬。」命召翰林院入閣草勅㊴封天平爲安南國王。仍勅行人聶聰送平㊵歸國。復命征南副將軍黃中、呂毅，大理寺卿薛岩以五千㊶輕騎護行，再勅景眞先回諭。漢蒼細心謹密，整頓兵馬，臨邊迎接㊷，阮景眞領命先回。正是：

九天日麗傳王命，　萬里雲飛擁使旌㊸。

未知使回如何？且聽下回分解。

【校勘記】

❶「中」字本作「内」。
❷甲本無「氏」字，乙本「而」字作「以」。
❸「民」字甲本作「地」。
❹底本作「心狼」據乙本改。
❺「儀」字原作「義」，據甲本改。
❻「關」字乙本作「加」。
❼「如何」乙本作「何如」。
❽「莫不為臣」乙本作「莫非王臣」。
❾「世」字據乙本補。
❿「弗問」甲本作「不問」。
⓫「立其陳氏」甲本作「立陳氏後」。
⓬原作「字」據乙本改。
⓭「禮」乙本作「吏」
⓮甲本無「明」字。
⓯甲本無「氏」字；「罪」原作「故」，據甲本改。
⓰「進討往罪」及「第」字據甲乙本補。
⓱「王樞」二字乙本無。
⓲「天」字據甲乙本補。
⓳「其」字甲本作「他」。

⑳「哉」字下甲本有「時敉」二字。

㉑甲本「天平」下有「伯者」二字，「體」作「狀」。

㉒甲本「殿」作「閣」，無「閃」「言」二字。

㉓「我」字據甲本補。

㉔「上皇」原作「陛下」，據甲乙本改。

㉕「使」字甲本作「保」。

㉖「往」字甲本作「請」。

㉗「無憂」上甲本有「則」字。

㉘「文武」下甲本有「大臣」。

㉙「臨」字甲本作「端」。

㉚「叩首」甲乙本作「頓首」。

㉛「奉」字原作「奏」，據甲乙本改。「謝」字下甲本有「者」字。

㉜「上」甲本作「主」字。

㉝「還國」甲本作「歸國」，下同。

㉞「治」字甲本作「馭」。

㉟甲本無「謹謝」二字。

㊱「南國」甲本作「安南」。

㊲「豈」字甲本作「無」。

㊳「可」原作「少」，據甲乙本改。

㊴原作「寫表」，據甲本改。

㊵「平」字上甲本有「天」。

㊶「千」字甲本作「十」。

㊷「迎接」甲乙本作「迎候」。

㊸「旌」字甲本作「程」。

第四回

段侍講爲國進賢　黎太祖堅心辭聘

却說阮景眞領❶成祖勅命先回，至於東都，入朝奏事，漢蒼曰：「天平得位專權，則髮怨絲恩，一毫❷不爽（誠是自知之明）不知何以解之？」時有翰林侍講段發出班奏曰：「臣擧一人，可解此患。」漢蒼曰：「卿所擧何人？」段發對曰：「清化府俄樂縣藍山人黎公常之子❸，長曰黎來，庶❹曰黎利，少曰黎石，季曰黎善。利生時❺，有一朶紅雲覆于屋上，經三日不散。其人器度豁達❻，寡言語，多學術，五經諸史，獨觀大略，一覽便記。黎石勇健過人，頗兼有謀。黎善其母❼娠時，夜夢一大星如串珠❽，墜于腹上，覺而誕。三歲能言，十❾五歲博通墳典，諳閑韜略，時人呼爲小神童。父母擇配不肯娶，只好歷覽山河林藪，城市人民、江溪河海、道里遠近，無不盡記。有日，遊于三帶州隴外庄，見故陳太監❿李自成女，容貌端莊，性行純一，意有所悅，乃自媒求⓫。李公愛其才而嫁之，後生得一男，命名⓬欽。教子攻書，經史群書精曉，天文地理旁⓭通，父子齊名，聞於當世。臣本與同州，頗知其詳，請陛⓮下幣書聘之，若三人得一，可以安天下矣。」漢蒼聞之，大喜，卽遣中官枚仕⓯齎詔書往聘。

且說黎利治家嚴法⓰，男則勤於耕稼，女則事於織紝。有日，兄弟會在學堂，討論文籍，忽見青鳥自東飛來，集于庭樹，噪⓱三四聲而去，黎善袖一課，言曰：「青鳥傳音⓲，信息甚大。」

利曰：「有何音信？」善曰：「漢蒼必遣使來徵我矣。」利曰：「何日得來？」善曰：「今日卽來，宜洒庭除，以待來使。」石曰：「不知徵者何幹？」善曰：「意天平將兵回國，彼恐禍及，求人以助，必有何人進擧，使我屈身事之，以救傾危之急，我若從之，是亦⑲助桀爲虐耳。」石曰：「我雖微賤，猶有忠義，豈可⑳屈節以事僞乎！果有使至，使人推出便了。」（推出王使可發一笑。）利曰：「不可，我是村民㉑，彼爲國主，若出不遜，則㉒有辭可執矣。不如因善遇之，堅辭不出，或復㉓召我者，我則學閔損矣。」（果有此事否）三人商議停當。有人入報天使至，兄弟出門迎接，至家中，枚仕奉詔書置于㉔案上，拱手言曰：「皇上聞大賢之名，廷中虛左，使某專致意於㉕先生，願早登車，庶無負聖上㉖慇懃之意。」（使乎！使乎！）黎利曰：「臣本下賤凡民，何有智能，冒㉗干聖聽，動煩天使，枉駕而來，冒瀆朝廷，利不敢奉詔。」仕曰：「當今聖明在上，四海之內，莫不爲臣㉘，（惟不為臣黎兄弟耳㉙）有夏修和，防秋永罷，攀龍附鳳，固不乏人，釣渭耕莘，猶且㉚渴望，先生若奮鴻鵠之志，展騏驥㉛之才，出而維持世道㉜，致主澤民，使功名同垂竹帛，豈不偉歟？」黎善曰：「上既有堯舜之爲君，下又有禹皐稷契之爲臣，雖在野有百㉝巢由，亦不失其爲唐虞之治。若善之兄弟，淺才小智㉞，不足稱朝廷之使令，煩使者善爲辭焉。」枚仕再三勸勉，固辭，仕不得已，奉書返回，入朝面君㉟。漢蒼問曰：「賢者肯從我遊乎？」使者方欲奏事，已見侍衞入宮㊱奏曰：「有北書咨報，天平近已屆境，請陛下遣兵出關迎接。」正是：

南賢未得盟同志，北牒傳來起遠憂㊲。

未知北書㊳如何？且聽下文便見㊴。

【校勘記】

❶「領」字下甲本有「明」。

❷「毫」字乙本作「毛」。

❸甲本「山」字下有「社」，「黎公常」下有「字日曠」。

❹「庶」字甲本作「次」。

❺「時」字下甲本有雙行小註云：「利己丑年八月初六日子時生，左肩有七黑子。」

❻「豁達」甲乙本作「豁如」。

❼「其母」甲本無「其」字。

❽甲本無「大」字，「串」作「貫」。

❾「十」上乙本有「及」字。

❿「太監」原作「太監官」，據甲乙本刪。

⓫「媒求」，甲本作「求媒」。

⓬「名」字下乙本有「曰」字。

⓭「旁」字甲乙本作「搏」。

⓮乙本無「陛」字。

⓯「中官枚仕」甲本作「中使梅仕」。下「梅」「枚」諸本互見。

⓰「嚴法」上乙本有「甚」字，甲本作「法嚴」。

⓱甲本「噪」作「嘯」，無「集于庭樹」四字。

⓲「音」字甲本作「書」。

⓳「若從之，是亦」甲本作「亦從之是」。

⑳「猶」甲本作「獨」。「可」字乙本作「有」。
㉑甲本無「不可」二字。「民」字甲本作「人」。
㉒「則」字下甲本有「彼」字。
㉓「或復」甲本作「或有固」，乙本作「或再」。
㉔「置于」甲本作「至」。
㉕「於」字下甲本有「諸」，乙本無「於」字。
㉖「聖上」甲本作「聖王」。
㉗「何有智」甲本作「有何知」，「冒」字甲乙本作「罔」。
㉘「莫不為臣」乙本作「莫非王臣」。
㉙甲本作「不為臣者黎兄弟也」，乙本無「為」字。
㉚「猶且」甲本作「且猶」。
㉛甲本「志」作「翼」，「騏驥」作「麒麟」。
㉜「道」字乙本作「教」。
㉝甲本無「百」字。
㉞「小智」原作「小志」，甲本作「智小」，據乙本改。
㉟「面君」甲本作「復命」。
㊱「入宮」甲乙本並作「入內」。
㊲甲本「傳」作「持」，「起」作「記」；乙本「牒」作「諜」。
㊳「北書」原作「此書」，乙本作「北兵」，今據甲本改。
㊴甲本作「且聽下文分解」，乙本作「且看下回分解」。

第五回

胡季犛設計行兇 陳天平當途遇害

却說漢蒼方問枚仕，忽有衞士入奏北書，先報天平還近邊塞。蒼遣近臣入問於季犛❶，季犛臨朝，群臣文武班定。漢蒼曰：「今天平歸國，勢不兩立，請上皇賜教。」季犛曰：「公卿如何❷？」群臣辭塞，面面相覷而已。季犛曰：「先禮後兵，是爲勝算❸，前遣大將伏兵于岩險之地，次令人備牛酒犒師，誘至山林間盡殺之，以除後患。正孔明擊周瑜之時，所謂排列靈弓❹以擒猛虎，盛陳香餌以釣巨鰲❺，即此計也。」（季犛心狠）漢蒼再拜曰：「上皇神算，諸臣莫及！」即詔飭沿途村民城市，整飭禮物❻，先拜國王，後接天使。復命黃晦卿以廩餼出隘關迎候❼，依計而行。勅神鋒將軍梁❽民獻、副將軍蔡伯樂近前囑曰：「卿率❾八千精兵前往芹站，此處左有懸弓嶺，右有宿鳶嶺❿，甚是險惡，可分兵⓫兩道埋伏，候天平與北將至，起兵盡殺之，事成，其功不小。」諸人領命去訖。

乙酉五年（明永樂⓬四年）春三月，黃中等送天平到丘溫⓭，已見百姓父老，焚香遮道拜望，或有感泣曰：「不圖今日復見威儀！」人民携老扶幼，攀住車駕，天平眷戀不忍相捨。不覺日已云⓮暮，平命就官驛宴息，郡縣貢山脯，村民供酒菓，天平慰勞遣之，遂就寢。反側輾轉，竟夕不寐，忽然睡着，見紅日自北升，轉而南⓯墜於水中，光芒四出，驚人耳目，蘧然醒⓰覺，乃是一夢，問侍臣，則東方已白矣。乃促諸軍起程。此時黃中見晦卿軍士爭持酒食⑰犒師，其⑱禮甚恭，從者見天平皆拜舞踴躍，中問：「漢蒼不至何也？」晦卿曰：「安敢不至，偶有微疾，已陳列候接于嘉林江矣。」（已排列靈弓以擒猛虎，盛陳香餌以釣巨鰲于芹站矣⑲。）中遣晦卿還促蒼，再令⑳騎覘之，見黎庶簞食壺漿迎者㉑相繼於道，遂放心徑度隘留、雞陵二關。將至芹站，過落平橋，（橋名不吉，果是㉒落平）見山路險峻，林木㉓蒙密，軍行不得成列，會大雨如注，中等冒雨而行，忽聞㉔一聲炮響，伏兵四發，鼓噪震動山谷，左邊民獻殺來，右邊伯樂殺來，天平方至橋頭，失驚，被民獻一鎗刺死，落於水中。時人有詩吊云：

羈旅皇皇閱幾冬， 艱難天為試英雄。
物華天寶知何處， 王伯基圖一夢中。

薛岩聶聰望後欲退，平橋已斷，遂遇害。裴伯耆奮力衝㉕殺，爲老倦力不相當，亦被伯樂所殺。靈魂不散，常顯現于山間，旁民立廟于山頭奉祀。後人有詩吊云：

邦家為重一身輕， 世道興衰不足評。
隻影橫空臨北塞， 孤忠對月復㉖南京。
天心未欲開平治， 帝闕無由見老成。
綠水青山留正氣， 千秋雖死亦猶生。

黃中等欲整㉗兵擊之，橋斷不得前，民獻率軍遙拜曰：「遠人非敢拒王師，天平小人也，非陳氏親屬，肆爲巧僞，幸得殺之，以謝交人，吾王卽上表謝罪，天師所臨，小國貧乏，不足久淹。」（使民獻作逐客之文，甚為老練。）中等不得已，收軍回去。獻等歡喜，奏㉘捷凱還。漢蒼請季犛陞朝宴賀，賞勞諸將，季犛曰：「今㉙雠人已殺，（其㉚有何雠）天下清平，（火未燃也㉛）朕聞南海膠水㉜有梧桐老樹，變生鬼魅，擾害吾民，朕欲南巡以壓妖氣，群臣宜整飭㉝車駕，及日卽行。」

正是：

詭計弒君成大惡，雄心虐衆逞遊觀。

未知南巡如何，且聽下文分解㉞。

【校勘記】

❶甲本無「於季犛」，乙本無「於」字。

❷甲本作「公等何如」，乙本作「公卿何如」。

❸「勝算」甲本作「神算」。

❹「弓」字甲本作「弩」。

❺「香」字甲本作「魚」，乙本「巨鰲」作「鰲魚」。

❻「整飭禮物」乙本作「整頓禮物」，甲本作「整頓兵馬」。又乙本無「村民」二字。

❼「迎候」二字甲本無，乙本作「迎接」。

❽甲本「神鋒」作「神驛」，「梁」字作「黎」。

❾「率」甲本作「出」。

❿「嶺」字乙本作「山」。

⓫「兵」字甲本無。

⓬「明」字甲本無。

⓭「到」甲乙本作「至」。

⑭「云」字甲本作「向」。「不忍」乙本作「不肯」。
⑮「而南」甲本作「于南」。
⑯「醒」字據乙本補。
⑰「酒食」甲乙本作「牛酒」。
⑱「其」甲本作「執」。
⑲乙本「巨鰲」作「鰲魚」「芹站」作「此」。甲本則作「已排列靈弓香餌于芹站矣。」
⑳「令」甲本作「命」。
㉑「迎者」甲本作「迎勞」。
㉒「果是」甲乙本作「果然」。
㉓「林木」原作「林下」，據甲乙本改。
㉔「聞」字原作「見」，據甲本改。
㉕「力衝」二字乙本無。
㉖「復」字甲本作「照」。
㉗「整兵」甲本作「擧兵」。
㉘「奏」字上原有「令」，據甲乙本删。
㉙「令」字上甲乙本有「幸」字。
㉚乙本無「其」字。
㉛乙本作「火未及燃」。
㉜「膠水」下甲本有「縣」字。

㉝甲本無「飭」字。

㉞「聽」字甲乙本作「看」，「文」甲本作「回」。

第六回

巡南海季犛遇❶鬼　伏嵬山陳暠報讎❷

却說迤南海❸膠水縣横東柵大江邊有梧桐，經千餘歲，樹旁有石井，世傳秦時有鳳凰自北地飛來，棲三日而去。自此而後❹，枝葉盛茂❺，行客往來，納涼于❻樹下，可容千餘人。會有遼東丁氏❼婦，長自深閨，諳閑書籍，其夫遠遊，婦在家，點起寒燈，勤攻婦職，望見燈影，心上徘徊，忽動良人之想，因吟一律云：

無言何事弄形神❽，隱約燈前欲惱人。
坐臥未能離咫尺，良宵幸得共相親。

吟畢，望影題于壁上。其夫回，見詩疑之，罵曰：「我去未幾，汝動私情，前與外人構合！」其妻曰：「安敢如此！」夫曰：「筆札已形，何爲諉得？」婦曰：「妾以孩兒奉君巾櫛，不二其操，從一而終。豈有萌小玉之懷，遑文君之行乎！此詩吟影耳。」夫❾不聽，一聯三四打，兄弟親戚❿固爭，亦不聽。其婦忿⓫，夜奔于⓬梧桐，投于井中自盡。後係見雲昏雨暗，有一女子身⓭度嬌癡，容粧艷冶，或歌或舞，或笑或語，徙⓮倚于樹陰間。時人異之，相謂曰：「是非桂殿姮娥⓯，必是瓊樓⓰仙子。」一會有北國客商，回自京城，行經至此，望見樹邊一少艾，獨坐沉吟，徘徊顧盼，若有所求。自維舟登岸，以言調戲，女欣然相從，回至江邊，忽然不見，商子⓱失驚染病，立斃于舟中。時人有詩弔云：

　　江湖牽纜醉春歸，慾雨情風失⑱自持。
　　莫笑紅顏能悞客，泉臺憂喜少人知。

自此以後，或眷客於村中，或邀人於路外，不幸遇者，禍害尋作，動以百數，天下莫敢近。季犛聞之，詔下群臣，盛列儀衞⑲，擇以五月庚寅，大駕進發。陸則象馬星陳，水則舟師風送，行至膠水、遼東⑳分，季犛御樓船旁觀風土，見女子㉑伏于岸上，意其民間鳴寃叫枉，命泊舟㉒近岸，問曰：「何等女兒，敢爾唐突？」其女叩頭奏曰：「妾本京城太守之女也，不幸妾父被譴，謫宦邊方㉓。自揣無能，每欲自絕，只恐幽泉之下，見笑於緹縈，冥冥㉔之中，靦羞於李氏。今欲沒入官婢，至則聖上大駕已南巡矣。故不辭艱險而來，途中邀駕，冒死申寃，伏望照臨㉕，庶得改過。」季犛見其人膚如凝雪㉖，唇若泥珠，顏色殊常，言辭婉雅，春情乍動，納于舟中，呼爲才人㉗。諭曰：「朕今臨此鎮妖，然後還朝大赦，汝父之罪，不攻而㉘自破矣。」其女問曰：「誰是爲妖？」（此是㉙爲妖）季犛曰：「梧桐千歲，久化爲妖。朕往伐之，以除民害㉚。」其女曰：「陳家末祚，德不勝妖；今日聖朝，妖不勝德。況陛下道同㉛堯舜，德合禹㉜湯，禮爲御而樂爲車，仁爲干而義爲櫓㉝。遠來近悅，（遠如北國，不久卽來。）大畏小懷，有何妖之可鎮！且千歲梧桐，一方天柱，縱有鬼魅倚勢害人，是不過薄命者遇之耳。至如忠君愛國，守正不邪，彼焉敢犯？（敢犯季犛而已）且民之有喬木，猶國之有世臣，倘喬木凋零，則世臣難保。」時柱國黎季獵在旁，見女言語，促動身上，乃奏曰：「才人見識甚大，不惟乘勢，又且㉞識時，外不敢揚君遇鬼之心，內寔切勸上愛民之意。臣竊想：周之姜后、齊之樊妃，亦不過此，願陛下納之。」季犛見㉟近臣切諫，又寵愛才人，其事遂寢。乃降旨不由陸道，直出江程，遵海而南，進次于獨步海口。（一名大鵶）

忽然想起，謂侍臣曰：「朕[36]聞陳氏餘孽，多落[37]民間，卿等宜[38]飭各處係見陳家宗族[39]，解納賞功。若固意妄藏，罪應赤族[40]。」侍臣領命飭訖。再言曰：「崔嵬之嶺，名藍古跡，寶殿珠宮，朕欲登臨以觀勝景。詔百姓修剷[41]道路，候朕臨幸。」百姓得令，奔走服役，不勝其苦[42]。時有陳暠，乃陳英宗三世孫，先是避亂，逃[43]于大安縣安江柵，寓居于潘世叔家，叔知，以女妻之。後[44]生二子，忽聞季犛行經地面，密旨誅求，即憤起讎心，陰圖報復。原有與仁澤人武惟揚交厚，暠潛至揚家謀事[45]，揚設酒相待，酒至半酣，暠試言曰：「某本胡氏罪人，逃生至此。今被[46]密令四索，勢亦難逃，欲面縛投降，求活一家性命。幸而見恤，進爵[47]加官，不惟妻子蒙休，而朋友亦同其利。」惟揚聞言大怒[48]，曰：「昔我以汝爲金枝玉葉，派演[49]天潢，不意狗彘其心，逞此無恥之行，何面目與汝[50]相見！」乃拂衣而起，暠挽衣袖謝曰：「某素知君忠義，前言戲之耳。」揚復就坐，暠放聲大哭，揚曰：「公子有何憂悶？願急告我。」暠曰：「今季犛巡行至此，某欲報讎，無人可恃，請先生救我！」揚曰：「馬遇伯樂而嘶，士遇知己者而死。（說出[51]死字）我亦深怨季犛，無由可乘。今公子見推，雖死不惜。」（又說死字[52]）暠曰：「先生誠如此，不特暠之幸，亦天下之大幸也。」二人商議畢，揚自辭去。却說季犛捨水登程，望崔嵬[53]直往，行至山脚，分軍將[54]四周山圍住，然後臨幸。登至山腰曲徑，惟揚伏于叢[55]中，橫槊望季犛直刺，中金冠上。季犛落下，幸得御林軍以干盾遮蔽，揚不得[56]再刺。群臣救起[57]，徘徊四望，已見女才人立于山頭，遙遙言曰：「妾本謫仙，與君相遇，爲君暴虐[58]，天上見誅，使妾返回[59]，永守碧梧宮裏。（隱然已出梧桐之鬼，而季犛不覺，可發一笑。）君速回[60]鑾駕，制此北兵，若再遊巡[61]，爲禍不淺。」言訖不見。季犛回顧，已失才人所在，嘆息不已。（如此而猶嘆息，可發一笑。）心中戰慄，即傳令武士搜捕，獲惟揚于叢間[62]，扛來，命釘于地下，雄棍痛打。季犛問[63]曰：「量汝小人，安[64]敢無禮！」（此則有禮）揚曰：「我爲陳氏子孫復[65]讎，恨不殺得汝，可惜！可惜！」（吾亦為之一惜）季犛曰：「陳子孫爲誰[66]？」揚曰：「南國百姓，係是陳家子孫[67]。」季犛復命打下，打得皮爛，血流滿地。復[68]問曰：「誰人遣汝？」揚曰：「天遣我殺此無道之人！」季犛見堅不招[69]，令取鐵鉗打折兩牙門齒[70]。又問曰：「誰人使[71]汝行此背逆？」揚曰：「我殺汝，無人遣也。」季犛大怒，令斷其手足。揚曰：「汝行至慘刑，不過欲招出而已，捨我便首[72]。」季犛命扶起，揚強坐，望卽墨再拜，曰：「我生不能殺賊[73]以報陳氏之恩，死則爲[74]鬼以呑季犛之肉。」言訖，遂撞于石，頭破[75]而死。後人有詩吊云：

巍巍正氣凜秋霜，慷慨孤忠逞自强。
劍樹刀山低眼看[76]，羸将一死答君王。

有詩吊季犛云：

瘡民瘧國恣觀風，嵬嶺殊非博浪中。
一豯横鎗能不死，老天胡忍縱奸雄[77]。

此時陳暠聞事不成，惟揚被執，遂去妻子[78]投于老撾，後陳苗裔猶在安江本此。季犛見揚已死，無可奈何，欲停駕要[79]索陳氏。忽見東都公文[80]告急，自促駕還宮，日夜兼程，不敢[81]回顧。正是：

一駕馳驅霜雪重，三軍奔走雨風輕。

未知還宮[82]如何，且聽下文分解。

【校勘記】

❶「遇」字原作「誤」，據甲乙本改，下同。
❷「報讎」甲本作「復讎」。
❸「海」字原本無，據甲本補。
❹「而後」甲乙本作「以後」。
❺「盛茂」甲本作「茂暢」。
❻乙本無「于」字。
❼乙本無「氏」字。
❽「弄形神」甲本作「動精神」。
❾「天」甲本上有「其」。
❿甲本無「親戚」二字。
⓫「忩」下甲本有「甚」。
⓬「于」字甲本無。
⓭「身」字甲本作「風」。
⓮「徙」字乙本作「比」。
⓯乙本「是」字作「若」，甲本全句作「若非月殿嫦娥」。
⓰「瓊樓」乙本作「瑤臺」。
⓱「商子」甲本作「商人」。
⓲「失」字甲本作「不」。
⓳甲本「列」字作「陳」。又「衞」字下有「駕言出遊」，無「擇以」二字。

⑳「遼東」下甲本有「社」字。

㉑「風土」乙本作「風景」。「一」字據乙本補。又「子」甲本作「人」。

㉒「舟」字甲本作「師」。

㉓「邊方」甲本作「遠方」。

㉔「冥冥」甲本作「冥漠」，乙本作「寂寞」。

㉕「照臨」乙本作「鑒臨」，又「庶得」甲本作「俾得」。

㉖「凝雪」乙本作「凝脂」。

㉗「呼為才人」甲本無。

㉘甲本無「而」字。

㉙「此是」乙本無「是」字。

㉚「民害」甲乙本作「民患」。

㉛「同」乙本作「近」。

㉜「禹」字原作「武」，據甲乙本改。

㉝甲本無「而」字。又「櫓」字原作「弩」，據甲乙本改。

㉞「又且」甲本作「且又」。

㉟「見」字下甲本有「其」。

㊱「朕」字下乙本有「近」。

㊲「多落」甲本作「猶在」。

㊳「宜」字下甲乙本有「密」。

❸❾「家」甲本作「氏」，「族」乙本作「派」。

❹⓪「固」字甲本作「故」，乙本作「用」。「妄」字甲本作「特」。「赤族」乙本作「滅族」。

❹❶「修削」乙本作「削修」。

❹❷「不勝其苦」原作「不可勝苦」，據甲本改。

❹❸甲本無「逃」字。

❹❹「後」字甲本作「復」。

❹❺甲本無「謀事」二字。

❹❻「被」字甲乙本作「彼」。

❹❼「進爵」甲乙本作「賜爵」。

❹❽「大怒」甲本作「大罵」。

❹❾「派演」甲本作「演派」。

❺⓪「汝」乙本作「爾」。

❺❶「出」字下甲乙本有「一」。

❺❷甲乙本「説」字下有「出」。

❺❸「崔嵬」甲本作「嵬山」。

❺❹「軍将」甲本作「軍士」。

❺❺「叢」字下甲本有「莽」字。

❺❻「得」字據甲乙本補。

❺❼「救起」甲本作「扶起」。

58「虐」字甲乙本作「逆」。

59甲本「見誅」作「已誅」，「使」作「遣」。

60「回」字乙本作「反」。

61「遊巡」乙本作「巡遊」。

62「叢間」甲本作「叢林」。

63甲乙本無「問」字。

64「安」甲本作「罔」。

65「復」字甲乙本作「報」。

66「陳」字下甲本有「氏」。「為」字乙本作「是」。

67「子孫」原作「孫子」，據甲乙本改。

68「復」字甲本作「文」。

69甲本此句作「季聳曰伊堅不肯招」。

70「兩牙門齒」甲本作「兩門牙齒」。

71「使」甲本作「遣」。

72「便首」甲本作「便起」。又乙本無「至」字。

73「殺賊」乙本作「戕仇」。

74「為」字下甲本有「厲」字。

75「頭破」原作「破骨頭」，據甲本改。

76「低」字乙本作「依」，「眼看」甲本作「正氣」。

77 「天」原作「夫」，「縱」原作「逞」，據甲乙本改。

78 「妻子」上乙本有「將」字。

79 「要」原作「邀」，據甲乙本改。

80 甲本無「公文」二字。

81 「不敢」原作「不可」，據乙本改。

82 「還宮」甲本作「還軍」。

第七回

議征南明朝選將　分禦北胡主屯兵❶

却說季犛欲住蹕索陳氏❷，見公文告❸明朝遣兵入寇，故不敢久留，促駕返回不題。先是，黃中等送天平歸國，被矢，引殘卒回朝。奏聞，成祖大怒，謂成國公朱能曰：「蕞爾小國，敢拒大邦！此而不誅，兵則何用？」朱能頓首曰：「逆賊罪大，不可容誅。臣等請仗天威，一舉殄絕！」（未必。）成祖遂決意興師，勅鎭守雲南西平侯❹沐晟調兵南伐，以蜀兵七萬五千益之。

秋七月辛卯，以朱能爲大將軍、新成侯張輔爲左將軍、沐晟爲右將軍、豐城侯李彬爲左參將，雲陽❺伯陳旭爲右參將、大將軍率左右副將軍❻左參將、及淸遠伯王友統神機將軍、程寬朱貴遊擊將軍、毛八丹朱廣王恕等橫海將軍、魯麟王玉商鵬鷹揚將軍、呂毅朱吳江浩方政驃騎將軍、朱榮金軫吳旺劉剳出等大小二十五將軍，以兩京畿荆湖閩浙廣西兵二十萬五千出廣西❼憑祥。右副將軍右參將都統❽指揮陳睿盧旺等大小二十將軍，以巴蜀❾建昌雲貴兵十萬出雲南蒙自。水師大都督柳昇以水師二萬五千，戰船五百艘，往諸海口以防攻擊。兵部尚書劉儁參贊軍務，工部尚書黃福大理卿陳洽轉餉，選定。是日，成祖幸龍江禡祭，誓衆曰：「胡賊父子，必獲無赦，脅從必釋。毋養亂，毋玩寇，毋毀廬墓❿，毋害稼穡，毋恣取貨財⓫，毋掠人妻妾，（二句是徒誓耳。）毋殺降。有一犯者，雖功不宥。毋冒險肆行，毋貪利輕進，罪人斯⓬旣得，必擇陳子孫賢者⓭，統治一方。（如此不敢奉詔）班師告廟，以次定⑭功。誓畢，諸將拜謝起程⑮，成祖迻之而還。夜觀天象，見⑯大星如斗，墜于西分，謂⑰侍臣曰：「西師有憂，朱能其必不免也。」果然大軍進至龍州，朱能病卒，諸將駐師，以聞。時有南國邊將覘得消息⑱，申報朝廷。漢蒼請上皇會群臣⑲議退敵之計。季犛曰：「今北寇⑳勢甚重，我國兩㉑京，寔為根本，不可疎虞。朕還㉒西都，防禦內面，至如東都，與各㉓關隘，付與公卿㉔調度。」漢蒼對曰：「皇父慮及此，正社稷之福也。」（正社稷之禍也㉕）季犛命駕幸西都，漢蒼迻出郭外，囑曰：「皇父㉖必由之路，宜屈駕往藍山聘黎㉗兄弟，出以輔之，則我國無憂矣。（漢蒼雖云盜賊，而好賢之心則篤矣。）季犛曰：「量一村夫何至屈朕若是！」（呆哉㉘季犛！）朕使人喚之，不至，朕殺之便了。」（賢人而喚不至則殺，求賢如此，可發一笑。）言了，登程。漢蒼還朝，召文武群臣拜爵，以金惟孝為太守，守隘留關；范寬為統領，守雞陵關；副元帥丁美屯芹站；平寇將軍陳承守籌江柵；盤灘江則謀略㉙將軍胡杜，木凡江則中郎將黃世岡㉚阮子仁，太守鄭賢往嘉林江，飛雄大將軍武必克守華榯關，大元戎梁民獻、大都督蔡伯樂、參軍段發鎮守多邦城，大小諸將六十員，各領兵馬三㉛十萬，號百萬，分各險要住劄，皆聽大元戎將令。漢蒼宣民獻入內殿，執鐵鉞，以柄授民獻，囑㉜曰：「多邦城是安南喉舌，此㉝不謹，則邦國危矣！凡副將以下，不用命者斬之。」（亦得為君命將之禮）民獻領命，分付諸將出屯各處把守，遣人探聽北兵消息。正是：

不覺偏方誠地窄，敢將群小抗天兵！

未知探聽如何，且聽下面便見㉞。

【校勘記】

❶乙本作「征南議明朝選将，槊北分胡主屯兵。」

❷甲本「住蹕索陳氏」作「停蹕」。

❸「告」字甲乙本作「言」。

❹「西平侯」乙平作「平西侯」。

❺「陽」甲本作「湯」。

❻此下原有「左副将」三字，文義重出，今刪，甲本重出「左右副将軍」，乙本作「右副将軍、左副将軍」。

❼「西」原作「南」，據甲乙本改。

❽「都統」原作「統都」，依甲乙本改。

❾「巴蜀」下甲本有「将軍」。

❿「盧墓」甲本作「廬行」。

⓫「恣」字甲本作「肆」，「貨財」甲乙本作「財貨」。

⓬「斯」甲乙本作「既」。

⓭「陳」字下甲乙本有「氏」。

⓮「定」甲本作「立」。

⓯「起程」二字據甲乙本補。

⓰「見」字下甲乙本有「一」字。

⓱乙本無「謂」字。

⓲甲本無「覘得消息」四字。

⑲「群臣」二字乙本無。
⑳「寇」字據乙本補，甲本作「國」。
㉑「兩」字原作「西」，據甲乙本改。
㉒「還」甲本作「西」。
㉓「各」乙本作「諸」。
㉔「公卿」乙本作「諸公」。
㉕「禍」字下甲乙本有「也」字。
㉖「皇父」乙本作「父皇」。
㉗「黎」字下甲乙本有「利」字。
㉘四字甲本作「果哉」，乙本作「呆」。
㉙「謀略」甲本作「略定」。
㉚「罔」字甲本作「劉」。
㉛甲本無「三」字。
㉜甲本無「囑」字。
㉝乙本「此」下有「城」字。
㉞甲本作「且見下回分解」，乙本作「且看下文分解」。

第八回

張總兵進拔二關　丁元帥退伏五將

却說粱民獻分付諸將訖，自提兵至多邦❶鎮守。探聽回報：「明擧兵進至龍州，朱能卒，成祖以張輔代能，促輔❷興兵起程，不早晚卽至❸。」獻急寫公文飭各關隘❹防守。隘留關太守金惟孝得令，傳軍士整備，登城守護。時張輔發憑祥度城越壘，進攻❺隘留關，見關上❻已排列陣勢，中軍大將金惟孝手執長鎗，坐下青騌馬，大呼曰：「賊奴何敢侵吾境界！宜速返兵，不然，則碎屍萬段！」張輔怒不答話，命游擊將軍毛八丹出戰，鼓噪而進，兩馬交鋒，鬥至百餘合，不分勝負。日暮，各鳴金❼收軍。輔曰：「我觀賊將武法諳閑❽，非可以力勝，來日用奇兵取之。」乃遣程寬伏于左，朱貴伏于右。平明，使毛八丹引兵挑戰，金惟孝率軍❾開門出戰，八丹叫曰：「我今❿來取汝首級，汝不怕耶！」孝怒曰：「犬賊敢欺我！」遂擧鎗交戰，丹鬥三四合，撥馬便走。（是誘敵也）孝曰：「犬賊何不回戰！」丹輪刀復戰，鬥六七合，復走。（又誘也）孝乘勝追之，忽見一通銅角，左邊程寬殺出，右邊朱貴殺出，殺散後軍。惟孝回馬拒戰，毛八丹背後趨來，望惟孝一刺，落于馬下。張輔麾軍趨殺，直拔隘留關，（拔一關）驅兵大進，南軍失散，奔回雞陵關。統領⓫范寬見隘留已失，與衆將議曰：「此關衝⓬要，外無援兵，勢難自守。諸公以爲去守如何？」指揮潘正曰：「賊衆未來，豈有棄城先走？倘朝廷摘出，其罪難逃。莫若俟至賊來，引兵出擊，觀勝負隨宜可也。」(是亦走也⑬，不過，五十步耳。)言未了，哨馬回報：「北兵已進至界首矣。」范寬遣軍⑭拒敵，無一人敢出。(彼壯其氣，我褫其魄，安敢出！)張輔引軍斬關直入，范寬被獲，請降，輔給爲先鋒向道，(統領大將署向道前軍印。)問曰：「此路至芹站難易如何⑮？」寬曰：「甚是險惡！車不得方軌，騎⑯不得成列。」(亦如井陘口)輔又問曰：「首將者誰？」曰：「副元帥丁美，其人騎射精閑，韜略兼備，用兵守險⑰，勢亦難攻。」輔曰：「公回誘彼投降，事成，某奏朝廷，封公好爵。」寬應諾便去。時丁美守芹站，覘得二關失守，范寬投降，卽聚將議⑱曰：「賊乘勢遠鬥，不可爭鋒。莫若效上皇前日之計爲上。」(照應上文)諸將聽令⑲，乃遣校尉李通領二千兵伏于左，(一將去伏)指揮裴蘊引二千兵伏于右，(二將去伏)聞見⑳砲聲，起兵掩殺。二人去訖，復遣㉑督兵馮意伏于橋邊，見賊兵㉒半渡，引兵出擊，將橋斬斷，截北㉓後軍。(三將去伏。)又喚阮樸鄭芳屯駐于芹站左右，以防北寇刼寨。(五將去伏)分付去訖，見范寬匆匆而來，在城外呼曰：「請元帥一見。」軍士入告，丁美張弓插箭，上馬出城。范寬曰：「今天兵到此，伐罪吊民，某已投降，賜官封爵。(賜爲向道官)願明公早早歸投，以活性命。」(范寬狗心)丁美叱曰：「汝是朝廷肉食，不㉔能遠謀，(丁將軍可謂老讀春秋矣)不能全節以事君，更忍甘心於降虜。汝宜速去，愼勿可言，不然，則汚吾一箭。」(罵得快活)張弓欲射，寬羞慚滿面，回去，至北營道與張輔。輔命土官將地圖出看，遣黃中㉕呂毅將兵徑往落平橋左右，捕搜伏兵，(二將前日已經)後進次㉖昌江市，造浮橋濟師，遣朱廣王恕從向道前往芹站，兩旁殺退應兵，(此二將擊阮樸鄭芳)分兵刼寨，喚後部江浩朱銘囑曰：「汝至近橋，徐徐而進，調護三軍，聞賊聲號，持兵捍禦，勿使斷橋。(恐蹈前車之覆㉗)諸將去了，乃傳檄㉘數季犛二十罪，諭其㉙境內立陳氏意，(二十罪不明，此特㉚省筆。)然後大軍進發。且行且聽，過落平橋，望見丁美陣上齊整，輔麾兵大戰，鼓噪喧天，喊聲震地。丁美舉砲號，無有一人救應。先是，黃中呂毅倍道卒至靜侯，見南軍砲響，李通起兵，黃中直出㉛刺死李通，諸軍走散；（失一將㉜）右邊裴蘊引兵殺出，被呂毅舉刀頭落，盡殺諸軍；（失了二將）後面馮意欲出㉝斷橋，被江浩朱銘殺退。丁美不見救兵，望後便走，回至芹站，見城上純是北兵人㉞馬。先是朱廣王恕得令行㉟至芹站左右，見阮樸鄭芳埋伏，朱廣王恕分兵衝殺，阮鄭抵敵不往，奪路而走。朱廣刼了城柵，丁美走回，朱廣曰：「我已取城了，汝何不下來受縛！」言了，驅兵大出，後道張輔亦來，將丁美圍住。美往左衝右突不得脫，被北軍所獲。輔得芹站，入城安撫百姓，將士引丁美入帳下㊱，輔曰：「降者免斬。」丁美大罵曰：「我南朝大將，豈降汝鼠輩乎！南國只有斬寇將軍，非有降寇將軍！」輔大怒，命推出㊲斬之，美至死罵不輟。時人有詩贊云：

丈夫英氣勵勤王，雖死心中誓不降。
忠貫兩間懸日月，千秋青史永流芳。

輔斬了丁美，遣朱廣王恕哨探，直抵富良江。然後發兵自芹站西折至新福縣，復遣朱榮往約沐晟，正是：

搴旗斬將方完算，略地攻城欲會兵。
未知往約如何，且聽下回便見㊳。

【校勘記】

❶「邦」字下乙本有「城」字。
❷乙本作「張輔」。

❸此句甲本作「早晚必至」。
❹甲本作「關隘」。
❺「攻」字甲本作「取」。
❻「上」字原無，據甲乙本補。
❼「全」字甲本作「鼓」。
❽「輔」字上甲乙本有「張」，「法」字甲本作「備」。
❾甲本無「率軍」。「平明」乙本作「明早」。又無「使」字。
❿「我今」甲本作「今我」。
⓫「領」甲本作「兵」。
⓬「衝」字原作「亦」，據甲乙本改。
⓭「也」字乙本作「耳」，甲本「五十」作「百」。
⓮「軍」甲本作「兵」。
⓯「如何」甲本作「何如」。
⓰「騎」字甲本作「馬」。
⓱四字乙本無。
⓲四字甲本作「卽聚衆將議」，乙本作「勢如破竹，卽會衆將計議」。
⓳「令」甲本作「命」。
⓴「見」乙本作「得」。
㉑「遣」乙本作「使」。

㉒甲本無「兵」字。

㉓「北」甲本作「得」。

㉔「不」甲乙本作「莫」。

㉕「中」甲本作「忠」。

㉖「次」甲本作「至」。

㉗「車前」甲本作「前車」。

㉘甲本無「撤」字。

㉙「其」字下甲本有「諸」字。

㉚「意」甲本作「後」。又「特」字原作「辰」，依甲乙本改。

㉛「出」甲本作「至」。

㉜「走散」乙本作「失散」。

㉝「出」字乙本作「守」。

㉞「人馬」乙本作「軍馬」。

㉟乙本無「行」字，甲本作「抄」。

㊱「帳下」甲本作「帳內」。

㊲「出」字據甲乙本補。

㊳乙本作「且看下文分解」。

第九回

沐晟敗賊華楠關　張輔移營昌江市

却說沐晟軍自雲南進發臨安府，過蒙自縣❶，經野滿州，斬木通道，攻奪猛烈。至華栅關，時守關飛雄大將軍武必克細作知得沐晟近至❷。乃遣參將楊生伏于關左林中，監軍劉基伏于關右嶺下，自引軍退後埋伏，令關門大開，（輔至隘留關門閉，晟至華栅關門開，前後遙遙相對❸。）以誘北兵入。沐晟見關門無鎖，（天下太平，關户❹不閉。）疑之。使人哨探，回報關內只有數簇民家❺，然詰之，彼謂守關將士，聞大兵來，棄關去了。（此亦計也）晟曰：「蠻人多詐，不可盡信。軍已至此，怎得干休❻！」即麾軍進入，（勿入！勿入！中計矣。）沐晟在先，都督高士文隨後。透過關來，（請將軍入阱矣）未及一里，見一聲砲響，左邊楊生殺來，右邊劉基殺來，（隘留關則張輔伏兵，華楠則❼必克伏兵，一往一來，禮無不答。）面前見大將武必克手舉方天戟，坐下白華驊，（上回寫金惟孝聲勢，此回寫武必克聲勢，遙遙相對。）令左右弓弩齊發。時沐晟困在垓心，高士文提刀拒戰，被楊生一箭射中窩心，翻身落馬，（可謝隘留惟孝之禮。）殺得北兵七顛八倒、死者遍野。二人趨殺撞過北將後道，陳旭陳睿等引生力軍殺入，擊退楊生劉基，破入重圍，救解沐晟，（既敗而後❽勝）遂合兵大戰，槊刺如蓬草飛沙，鏢發如甘霖墜地，必克獨力難支，奪路便走。（既克而復不克，何名必克！）沐晟率軍大進，克華楠關，必克收拾殘卒，走回洮江❾，渡兵去了。沐晟將關內百姓家屋盡燒毀⑩，（成祖之誓虛耳。）驅兵追趨，見大江隔阻⑪，無舟可渡，（必克盡取渡了⑫。）自駐兵於洮江北岸，令造船渡白鶴，與輔來會。時張輔自新福縣諜得胡有東西兩都，甚是險固。又有宣江洮沱良江，波濤洶湧⑬，于江南岸，沿邊樹立寨柵，延亙九百里，盡撥江南諸郡民守之，號二百萬。又於富良江南岸置樁，盡取國中船艦，列於樁內，諸江海俱下捍水，時列象陣於柵內，皆逼江不可上⑭。惟多邦城沙⑮坦可駐師，又築土城高峻，城下掘重濠，濠內密置竹刺，濠外坎地⑯，甚於險惡。輔見此光景，自移營至三帶州昌江市，日夜造船，謀圖進取。忽有哨馬飛報嘉林江太守鄭賢起兵攻打甚急，輔遂遣朱榮引兵拒敵。却說鄭賢見關隘盡失，整頓兵馬，謀圖恢復。會有北將後軍校尉魏文同乘勝擄掠人民，（成祖之誓虛矣⑰）至于嘉林地界，鄭賢引兵出擊，殺文同于江頭，因勢追擊張輔後部，行至江北遇朱榮，兩邊⑱更不打話，麾軍交戰，鼓譟震動。戰不多時，鄭賢⑲後軍紛紛散出，賢囘馬喝止不住。先是朱榮已差人抄出鄭賢後道，兩面夾攻，鄭賢⑳囘馬時，朱榮趨來，刺賢于馬下，諸軍大敗。朱榮率軍囘昌江，此時沐晟已渡兵來會，黃福亦至，輔延入帳中，商議曰：「今賊恃險，不肯與戰，欲老我兵㉑，諸公以爲何如？」尚書劉儁曰：「兵法曰㉒：『以一擊百，莫善於險。』我欲速㉓戰，勢亦所難，自非用間，使彼自內㉔相攻，我後乘之，方爲㉕勝算。」輔曰：「安得用間？」黃福曰：「某出關時，夜觀乾象，有吉星聚于西北分㉖，又有太白纏于牛女之㉗分，以此度之，南國必有英才起兵討叛，第未審㉘爲誰，宜使人陰求，結爲心腹，然後用間，方成。」言未已，門吏入報：「有人自稱黎使，手攜書信㉙請來相投。」正是：

方患賊徒難與戰，恰逢才將出扶征。

未知使來如何，且聽下文便曉㉚。

【校勘記】

❶甲本無「縣」字。

❷甲本無「得」字，「近」字據甲乙本補。

❸乙本無「遙遙」二字。

❹「關門」甲本作「關開」。又「關戶」甲本作「外門」乙本作「外戶」。

❺「家」原作「閭」，據甲乙本改。

❻「干休」甲本作「休了」。

❼「臨留」下甲本有「關」字。

❽「後」字甲乙本作「復」。

❾「江」乙本作「城」。

❿「毀」下甲本有「了」字。

⓫「隔阻」甲乙本作「阻隔」。

⓬「了」乙本作「矣」。

⓭甲本作「又有洮沱富良三江，波濤洶湧。」又「洶湧」原作「湧洶」，據甲乙本改。

⓮「上」甲本作「近」。

⓯「沙」甲本作「地」。

⓰「坎地」甲本作「故池」。

⓱「矣」乙本作「耳」。

⑱甲本無「兩邊」二字。

⑲「賢」字據甲乙本補。

⑳甲本無「賢」字。

㉑「兵」甲本作「軍」。

㉒「曰」甲本作「云」。

㉓甲本無「速」字。

㉔「自內」甲本作「內自」。

㉕「為」甲本作「可」。

㉖「聚」甲本作「萃」，「分」字甲乙本作「方」。

㉗「之」甲本無。

㉘「審」甲本作「定」。

㉙「書信」甲本作「信書」。

㉚乙本作「且看下文分解」。

第十回

黎兄弟起兵討賊　明將佐遣使聘賢

却說黎利黎善自辭聘之後，日誦詩書，夜談❶韜略，四旁賢士，聞者歸焉。一日，有縣令咨報乘輿且至。黎利曰：「彼固迫我乎！」善曰：「迫而不出，彼必不容。曷若挈我❷家眷，遁入林中，後有商議。」利曰：「正合吾意。」遂挈❸妻子入林去了。後人有❹詩贊云：

淵澤龍滑度幾❺秋，羞將清節屈强胡。
三軍一自經營後，不覺南城有汶無。

且說季犛回自東都，聞漢蒼之囑，先飭郡縣咨報，後駐蹕于山外，遣使❻宣召黎兄弟。使至其家，不見一人，問諸土人，謂曰：「黎利棄家去了多時矣。」使復命，季犛曰：「朕素知村❼夫有名無寔，敢致朕❽屈駕親臨，（誰使屈駕❾）罪應滅族。」卽詔下郡縣擒解❿，自返駕回西都，不題。

時黎利逃入林中，居一二月，善使人覘得北兵消息⓫，遂會兄弟商議⓬。善曰：「今明朝大舉兵來問胡氏罪，諸關已拔，惟多邦城胡將守險，欲攻不得。權且駐兵臨洮三帶間，我今興兵協力殄滅胡仇，立陳氏後，撫治一方，以救斯民於荼毒。不然，外則北兵虜掠，內則胡將貪殘，則黎庶魚肉矣。且季犛誅求太急，我不先圖，何異獨坐窮山，聽虎自噬⓭！」利曰：「招兵馬者易，通明將者難。何以成事？」善曰：「兄請勿憂，弟已有計矣⓮。」（不知何計？）利聽從⓯，揭榜招兵。時天下厭胡氏之虐，不三日，來投者至八千人。富者助其財，勇者出⑯其力。諸將乃推⑰尊黎利爲上將，黎善爲軍師，其餘各定爵位畢。自分兵爲二道，一道隨黎利調遣，一道隨黎善使令⑱，善遣一將以五百人調⑲護一家老少往老撾寄寓，再謂黎利曰：「兄將兵出美良橫林中，此處險⑳固，可以屯兵，致弟取道出傘圓山駐札㉑，倘有消息，易於咨報。」利曰：「善！」於是二道舉兵登程。黎善出至傘圓山下㉒，相地屯兵。自寫一書㉓封，密遣一人爲使，往三帶㉔投與張輔。其人至三帶軍門應候，門吏入報㉕，張輔命喚入，使者呈上書信，張輔拆書反覆觀看，疑訝不已。黃福曰：「得其人矣，其天之助我也。」輔猶不信，卽召士官問曰：「黎善㉖居汝國，其人如何？與漢蒼有恩祿否？」士官曰：「此人文學淵㉗博，才智兼優，父子齊名，聞於當世㉘。胡氏再三徵聘，尚不肯從，況又蒙其爵祿乎！原有受室在本州，故陳太監李自成女，往來歷閱，某素知之。將軍若不信，請召陳故官問之，則顚末便曉。」張輔聞言，卽備牛㉙酒金帛，遣使以驅馬往隴外聘陳故官李自成，隨召卽至。（胡聘黎而黎不至，張聘李而李自從，一則鄙僞主之賤，一則感故君之德，前後遙遙相對㉚。）張輔㉛率大小將佐出道迎接，回至帳中，敍賓主禮畢，命㉜設宴相待。輔曰：「僕承王命，進討亂臣。所被賊徒，依江守險，攻之不克，猶且駐師。聞有大人，請來稟命，大人不辭勞苦㉝，枉駕親臨㉞，僕得慰望，甚好！甚好！（假慈悲，奸猾甚。）太監曰：「老夫弱質，才淺智粗，冒瀆大臣，屈兵招致，得來拜謁，少慰平生。幸甚！幸甚！（老寔中鬼怪在。）輔曰：僕聞大人有快婿，天才敏捷，聖智聰明，松柏其心，金石其操，正是東床之佳選㉟也。」（善，佞巧在不說破。）太監愕然曰：「何以知之？」（知之早矣。）輔曰：「蘭生幽谷，無意於浮香，而香隨馥郁；月生滄海，無心於露色，而色自澄凝。何必對鏡常觀，當風自立，然後知耶？」（又㊱不說破，妙！）太監見言近逼，乃托曰：「訥婿徒負虛名耳。平時以才能自恃，經濟自期，而不能屈身許國，致主澤民，老夫只恐得時則龍升于天，失時則魚沉於水。夫如是厖涼冬殺，金寒玦離，胡可恃也？」張輔見太監疑惑，故托辭以對，（輔疑善，太監安得不疑輔。）乃命取前㊲書與太監看。輔激曰：「陳家失御，胡虜專權。虐地逆天，民人㊳塗炭。雖鄰國猶且與兵問罪，況舊臣豈無奮志報仇？僕今督㊴師臨境，取彼凶殘，立陳子孫，戢安南國，大人既蒙先朝厚澤，豈安坐㊵視神州之陸沉耶？」太監見言語促動憤起，（耐不得了）乃言曰：「季犛父子，老夫恨不得生噬其肉，願舉其婿以助將軍。將軍信用㊶之，則胡寇之頭立致麾下，惟將軍圖之。」言畢謝別。輔率㊷大小官僚送至軍門，執太監手囑曰：「大人早告賢婿籌謀，不可遲延歲月。」太監許諾相別。正是：

不勞使命臨軒聘，曷得賢人助戰功㊸。

未知告別如何，且聽下文分解。

【校勘記】

❶「談」甲本作「讀」，乙本作「攻」。
❷「拏我」乙本作「我拏」。
❸「拏」字下乙本有「家眷」。
❹「人有」乙本作「有人」。
❺「度幾」甲乙本作「幾度」。
❻「使」下甲本有「者」字。
❼「村」字乙本作「朽」。
❽甲本無「朕」字。

❾「駕」字甲本作「使」。

❿甲本無「詔」字，「擒」字甲乙本作「捉」。

⓫「人」、「北兵」據甲乙本補。

⓬「商」原作「思」，據乙本改。

⓭「嗌」字下甲乙本有「耳」。

⓮「兄請」甲本作「請兄」。又「已」字乙本作「自」。

⓯「從」甲本作「之」。

⓰「出」甲本作「助」。

⓱「推」字甲本作「追」。

⓲上二句乙本順序乙倒。

⓳「調」字乙本作「保」。

⓴甲本「險」字下有「要」，「因」屬下讀。

㉑甲本無「致」字，「駐」作「屯」。

㉒「至」字據甲乙本補，乙本無「下」字。

㉓「一書」乙本作「書一」。

㉔三字據甲乙本補。

㉕四字據甲乙本補。

㉖甲本「善」作「利」。

㉗「淵」字乙本作「深」。

㉘甲本「齊」作「有」，「世」作「時」。

㉙「牛」字乙本作「羊」。

㉚乙本無「遙遙」二字。

㉛甲乙本無「張」字。

㉜「命」甲本作「令」。

㉝「勞苦」甲本作「苦勞」。

㉞「臨」字甲本作「征」。

㉟「選」字甲本作「婿」。

㊱「又」字甲本作「知」。

㊲甲本「乃」作「仍」，無「前」字。

㊳「民人」甲本作「人民」。

㊴「督」字甲本作「帥」。「報」字乙本作「復」。

㊵「安坐」甲本作「忍」。

㊶「用」字乙本無。

㊷「率」字甲本作「出」，乙本無。

㊸「曷」字乙本作「易」，「戰」字甲本作「我」。

第十一回

黎善使人行反間　太監遣僕投❶勸書

却說太監告歸，張輔送至軍門，揖手相別，還帳中寫書❷，打發來使返囘傘圓山入帳應候❸。善問曰：「北兵❹進止如何？」使者曰：「某方投書時，張輔猶豫不決，先問土官，後迎陳太監，不知商議何事？」善驚曰：「我岳翁亦來此乎？」使曰：「然。」善曰：「我之與彼，南北殊風，言服有異，安得不疑，然既有太監在此，事定矣。」遂拆書看畢，曰：「張將軍知我也。」（書不明言，莫若求使人內應，而作者省筆？）遂喚軍中從事范旦謂曰：「汝引強悍三十人❺隨勢往多邦城，詐投❻胡將，探聽虛實，密報囘音，及期，裏應外合。」范旦領命，將三十人入林採薪，擔往多邦兌賣，日日如常，胡兵慣面，或有顧助火頭，或有請代汲水，有日宿于館外，有日宿于軍中，胡兵不疑。會有高衞尉得令出營勞軍，見范旦，問曰：「汝等何處百姓？（某乃黎善，差爲內應百姓。）勇健若是，不圖奮志立功，而自苦乃爾？」范旦曰：「某等❼西蘭山圍人。被北寇虜掠家產，殺害生人，欲起義以報讎❽，只恐無人唱率，不得已渡江而南，朝夕採薪，以供殘命。」衞尉曰：「我復元帥充汝爲兵，討賊立功，汝敢❾聽否？（胡不敢！）」旦曰：「某❿與北賊不共戴天，若將軍見容，猶死生而骨肉矣。」衞尉入帳中，以事明言。民獻命召入，旦等入轅⓫門拜謁，獻見其人雄壯膂力，意有所悅，問曰：「汝知射乎？」旦對曰：「臣等家在山林，以射獵爲業，豈有不知？」獻曰：「令善射軍將弓弩來試我看。」三十人帶弓插箭，回至武場，升降疾徐，（下而飲）望候百發百中。民獻喜⑫曰：「我得此神射。則北兵休矣。」（胡兵休矣）即日給為神射軍，日則使之相隨，夜則使之巡檢。（中計矣）范旦得用，密使⑬人報信，隨人回至傘圓山屯，善問曰：「汝等到此，成得甚事？」其人將始終說了。善喜曰：「（獻得旦喜，善亦喜旦。）汝往囑范旦細心緊密，事機若泄，吾計破矣。（旦亦死矣）至十二月戊午返回，我有指教。」隨人聽令退去。

已見李岳翁家童被軍士縛回，善出喝退軍士，自解其縛，問曰：「汝從何處得來？反被吾軍所獲。」家童曰：「李大人往北軍還，聞得⑭將軍起兵討賊，喜懼交錯，自會宗族言曰⑮：『我婿同謀，季犛必敗，只恐明將貪猾者多，未必肯立陳氏，倘彼自占據，則吾婿匡扶⑯之功，反為一番畫餅矣。』故寫書使我⑰粘于肉內，詐作樵夫，渡江而南，行至錦帶山，忽迷失道，落入林中，被二三壯士捉⑱住，欲將⑲斬了，某不知何兵⑳，不敢寔言，只苦苦請饒性命，故軍士相謂㉑解回，聽軍師分處。」善㉒曰：「書安在？」家童取于肉裏呈上。善開看，書曰：

「故陳太監李自成致書于黎賢婿足下：蓋聞聲大義以平㉓殘，丈夫素志，以至仁而討賊，君子夙心。矧今上國興師，明伐罪吊民之意㉔，想自中軍議事，誠興衰繼絕之名，雖云滅莽興劉，只恐得隴望蜀，事難逆定㉕，變不先圖。所幸俊傑識時，行止足徵離鏡，英雄處世，經營應卜屯雷，惟協力以殲仇，寔我願也，若委身而事主，惟君圖㉖之，於呼！書不盡言。

善看畢，言曰：「我太翁正是老成人耳㉗，（但云㉘「拜婦翁為父，父為一家先。」紙甚當。）憂慮不失於遠近。」復㉙告家童曰：「汝回覆大人，不須掛念，圖回庶事，某自當之。」家童聽命去訖，（不知有許多費否？）見門外入報：「黎上將有公文來，猶候在外，未敢放入。」善曰：「許入，我問。」正是：

外戚雲傳鴻信去，內親風送鴻書來。

未知公文如何，且聽下回便見㉚。

【校勘記】

❶「投」字原作「行」，據甲乙本改。

❷「寫書」甲本作「寫發書」。

❸甲本無「發」字，「返」作「發」。

❹「北兵」甲本作「北人」。

❺甲乙本作「三十人强悍」。

❻「投」甲本作「報」。

❼「等」字下有「是」。

❽「報」字原作「殺」，據甲乙本改。

❾「敢」甲本作「肯」。

❿「某」甲本作「汝」。

⓫「轅」字原作「軒」，據甲乙本改。

⓬甲本無「喜」字。

⓭「使」字下甲乙本有「隨」字。

⓮「得」字甲本作「諸」。

⑮「自會宗族言曰」乙本作「自會家族曰」。
⑯「扶」甲本作「救」。
⑰「我」字甲乙本作「某」。
⑱「捉」原作「促」，據甲乙本改。
⑲「欲將」甲本作「將欲」。
⑳「何」字下甲本有「處」，「兵」字甲本作「軍士」，乙本作「兵士」。
㉑「相謂」甲本無，乙本作「將」。
㉒「善」字下甲本有「喜」，乙本有「笑」。
㉓「平」甲本作「除」。
㉔「意」字甲乙本作「理」。
㉕「逆」原作「迎」，據甲乙本改。
㉖「圖」字乙本作「籌」。
㉗「耳」甲本作「矣」。
㉘「云」字甲本作「曰」。
㉙「復」字甲本作「善」。
㉚「何如」甲本作「如何」。「下面便見」甲本作「下文便見」，乙本作「下回分解」。

第十二回

黎將軍尋弟定計　范從事回師問謀

却說將軍黎利自引兵出美良之後，分屯設寨，招賢納士，凡天下人才，被季犛之亂，避居山林，至是聞黎利起兵，投者無數。利建立隊伍，日練武藝，夜讀兵書。時陳後簡定季擴亦求相會，（揭此以為後日中興❶）黎利欣然已有尊立陳氏之意，遂會衆將議曰：「今胡逆猖獗❷，北兵縱逞；我駐師於此，左右相投，公等以爲誰便？」范柳曰：「以勢論之，胡氏❸依地負險，不與交攻❹，俟老北師，然後卒至❺，明將必敗。臣以爲與胡攻明便。」（亦有一說，不知所便者何事❻？）潘僚曰：「以事觀之，明朝遣將，伐罪吊民，救溺扶衰，正爲順道，臣以爲與明攻胡便。（前言勢❼，此言事，亦為一計。第未明便者何計？）利見諸人議論不一，令將士❽把守屯壘，自寫公文，先咨報傘圓屯軍師知會，然後自往定計。黎善見公文，令軍中❾排設筵宴，率諸將出道候直❿，忽見黎利引二三小卒乘單騎而來。善揖拜，迎回帳中，坐定，命設酒。利曰：「某自別四弟出美良，郡縣士豪，來者甚衆。或有勸我與胡攻明⓫，或有勸我與明攻胡，紛紛不定，故特來須叔決之⓬。」善曰：「兄意何如？」利曰：「我想先滅胡寇，次討北師，後提得勝之師⓭，長驅大進，電掃中原，執明君臣父子回南，（大言之甚⓮）尊立陳皇，一統天下，傳檄諸侯，樹后建邦，列爵分土⓯，均田制祿，顯忠遂良，使之吏得其官，民安其業，誠爲快舉。」（有志於上，所存乎中，如此一場，雖是大言，亦不失為帝王氣象⑯。）善搖首曰：「兄志則大矣！未免有差。夫攻人者，致人而不致於人，且我兵微將寡，國小民貧，欲提數千烏合之師，而抗百萬熊桓之族⑰，正猶以鳥卵而鬥泰山耳。古人有言曰：『南國山河南帝居，截然分定在天書，』不虛語也。無如與明協⑱力，芟刈亂臣，使南國山河⑲歸于故主。然後我兄弟退于田里，樂業安居，倘明有覬覦之心⑳，亦畏其名義矣。」（明明欲立陳氏，而回田野，恐未必然，至於多事耳。）利沉吟半嚮曰：「叔言是。然已與北將通謀否？」善曰：「不須深慮，兄且回整頓兵㉑馬，俟何日見小侄㉒將胡符印來，即就東都賺城㉓襲了。」利曰：「怎得印符？」善附耳低言如此如此。（不知何得印符，使人猜之不出。）利會意，辭去。善喚何雷謂曰：「汝密往明寨探聽如何？急回報信。」何雷聽令出去。却說張輔得黎善投書內附，自喜爲天之助，傳令三軍曰：「黎軍師㉔書我，（投書在第十四，至此方露㉕。）遣將士縫席爲囊，內儲乾草，以備填濠，登城則造雲梯，渡江則造結浮筏。見升天砲，過江而來；聞銅角聲，附城而上。係見何人衣縫『義㉖』字，頸束㉗蕉皮，正是我兵㉘，愼勿妄殺，三軍依計而行。」軍中得令，各去修造。輔命約沐晟令陳旭等屯兵，上自臨洮，下至白鶴；自遣李彬等駐軍㉙，下自嘉林，上至三帶；寨柵㉚連絡，陣法整齊，器械精嚴，攻具完備。何雷諜得事寔㉛，潛回至林中，望見范旦馳驅射獵於山間，雷問㉜曰：「是范從事麼？」旦猛聽回顧，遂懸弓奔來，問曰：「公將何之？」雷曰：「某奉軍師命㉝，往覘北兵消息，今日返回，請問公安得出此？」旦曰：「彼使我索睹，幸得好物，（不知何物為好？）你與㉞我同回獻軍師。」雷曰：「正是。」二人回㉟至大屯，入營拜謁。雷將北兵事勢說了，范旦曰：「民獻使某入林射睹㊱，偶於山旁，有雙黑狐相抱鳴叫，某一發串雙，請將獻納。」善笑曰：「狐者胡也，黑者蒼也，漢蒼其休乎！汝入後槽活捉麋鹿數頭，并兩狐將出，納與民獻，彼喜得嘉睹，必然擧酒㊲，汝請設大酒筵，使軍中饒㊳醉。三更時分，各以『義』字粘于衣襟，削蕉皮包于頸上，出外放升天砲，登城應候，見北兵近岸，吹銅角一通㊴，引北兵入城，（此照應前書約于北將。）後入于帳中，奪取兵符將㊵印，趨出豐州交與吾兒，已有調遣，愼勿有誤。」范旦領命回多邦城去訖。正是㊶：

外彈小計教明將，內運奇謀破漢兵。

未知回多邦如何？且聽下文㊷分解。

【校勘記】

❶八字據甲乙本補。「夜讀」乙本作「夜講」。

❷「逆」字甲本作「賊」，「獗」字甲乙本作「狂」。

❸「胡氏」原作「興劉」，據甲乙本改。「依」字乙本作「為」。

❹「改」甲本作「戰」。

❺「至」甲本作「擊」。

❻「事」字下有「耳」。

❼甲本「勢」作「計」，「事」字重。「者」字下甲乙本有「為」字。

❽「將士」甲本作「諸將」。

❾「軍中」甲本作「士卒」。

❿「候直」甲本作「侯直」，乙本作「直候」。

⓫此句甲本無。

⓬「之」甲本作「定」。

⑬「師」字甲乙本作「兵」。
⑭「大言之甚」甲本作「言之甚大」。
⑮四字乙本作「列田分爵」。
⑯甲本此作「是」，無「為」字。
⑰「旅」字甲本作「衆」。
⑱「協」甲本作「合」。
⑲「山河」二字據甲乙本補。
⑳「之心」二字甲本無。
㉑「兵」甲本作「人」。
㉒三字據甲本補，乙本無「見」字。
㉓「城」字據甲乙本補。
㉔「軍師」原作「将軍」，據甲乙本改。
㉕甲本作「報書自第十回至此方露」。
㉖「義」字原作「美」，據甲乙本改。下同。
㉗「東」甲本作「被」。
㉘「兵」甲本作「事」。
㉙「駐軍」二字據乙本補，甲本作「駐兵」。
㉚「柵」字乙本作「構」。
㉛「事寔」甲本作「虛寔」。

㉜甲本無「曰」字。

㉝「某」甲本作「我」。「命」乙本作「令」。

㉞乙本作「和」

㉟「回」字甲乙本作「還」。

㊱「入林射膌」甲本作「入山射殺」。

㊲乙本無此四字。

㊳「中鐃」甲本作「士飽」。

㊴「一通」乙本作「一聲」。

㊵「将印」甲本作「帥印」。

㊶「領命」二字據甲乙本補。「外彈」甲本作「外譚」。

㊷「下文」乙本作「下回」。

第十三回

排陣法善設五屯　論兵書旦賺二將

却說黎善分付范旦去了，升帳下太乙，見三門具，五將發，乃宣諸將五更齊就轅門聽令。至期，諸將畢❶集，善命入帳內取出一匣開看❷，純畫獅虎，（不知先生制自何時？）先喚其子黎飲告曰：「我之與汝，內則是父是❸子，外則爲將爲兵❹，愼勿狎媟。（先教其子以儆群公，先生之計，老彌切矣❺。）我許汝五百精兵，兩員戰將，前出遠山屯次，望多邦火號，卽將馬蒙❻以獅虎，進往❼豐州，衝賊象陣，（北兵畏象陣，先生用計破之。）奮力交攻，務以全勝。接見范旦挈取符印❽，南出丹鳳縣，協與伯父賺襲東都，違令者斬。」（此一屯）復喚前軍崇光囑曰：「汝以精兵五百，過不拔，出松山，山下有小林，分兵半屯山上，半伏❾林中，保守加嚴，以禦賊之後路。若賊將❿至，擊之勿使脫過，違者自廿軍令。」（此二屯）後軍趙扈將三百步兵出涸海邊埋伏，來日申時⓫，賊將必至，士卒困倦，起兵出來活捉，誠不費力。（此三屯）又以三百騎命中軍阮濟引出錦帶山，此處有三條路，將木石⓬塞絕兩大路，惟置⓭小路，分兵伏于兩旁，見賊至，以鼓爲號，出⓮兵擊之，雖不擒得，然亦喪師太半。（此四屯⓯）監軍鄧敦領⓰四百善射，取道出玉蕊山屯駐，這分兩路將小路塞斷，（上塞兩大，置一小，此塞小置大，先生用兵，愈出愈奇。）置大路，容賊進行，將兵躡後擊之，收拾器械，還錦帶接應阮濟，然後同回涸海取齊⓱。（此五屯）諸將聽命⓲去訖。

復入帳後，喚三四衞卒，附耳低言如此，（不知何言，下面方見。）其人出去，自升帳以俟捷音。却說范旦將麋鹿回多邦，民獻喚將近前，以手摸捉嘆獎⑲不已。伯樂曰：「狐有矢迹，麋安得獨無⑳？」旦對曰：「幸甚！某入林，見群麀㉑吃水于溪邊，卒來暴捉縛了。某竊想非憑大將之威靈，安得如此等物？」（巧佞。）令出行酒㉒，獻得意言曰：「雖然如是，亦㉓汝之神力也。」樂曰：「臘月狐心最爲佳味。（欲壯其陽。）令出㉔行酒，旦曰：「臣承事元帥以來，軍士未能徧識，臣欲大令軍中設酒㉕，分賜嘉脯，俾臣㉖得贄見三軍之禮，不知主意若何？㉗」獻曰：「正合吾意。」乃傳令大賜軍㉘飲酒，（死已至矣。）諸將士得令，東投西抵，沽酒市脯，喧鬧之聲，徹㉙于內外。忽然參軍㉚段發驚惶（吾亦為之一驚。）自外而入，揚言曰：「當今兩國相持，不知鹿死誰手？（死在范旦之手。）而元戎不圖遠慮，只好逸遊，北寇結筏造船，其勢必來交戰，危在旦夕。（危在旦，不危在夕。）且范旦不知何許人物？將軍一見，信而用之，安必南國無人僭亂，（胡漢蒼僭亂耳。）與匪通謀，入爲內應，（正是！正是！善之謀，發說破。）倘彼從中竊發，寇自外來攻，將軍何以制禦㉛？（此時將軍走矣。）爲今之計，先㉜斬旦等，後率將士登城守護，庶保無虞，不然，則禍將至矣。」旦見段發說破，自作色曰：「參軍何不容物也㉝，且爲將而不知天時，不識人和㉞，不曉地利，是庸才耳！明㉟將用兵，必有三敗，君胡不知，而反妬忌人耶！」（巧僞之甚！不言自己，反說他人，後乃得入。）民獻問㊱曰：「何有三敗？」旦曰：「隆多肅殺，遠涉山川㊲，冒雪衝霜，臥金被鐵，屯兵久駐，寒冽侵人，縱欲行兵，折膠墮指，是一敗也。（此說天時。）兵法曰：『引兵圖國，將用其民㊳，先和而後造大事。』況彼自橫兵以來㊴，殘虐生靈，殺傷黎庶，河北之衆，扶老攜幼，渡江而南，號哭㊵之聲，震動天地，將軍已親見之矣。且人極則反，民苦則離，事起㊶于中，欲制不得，故曰不和於民，不可以進戰，是㊷二敗也。（此言人和。）兵法㊸有曰：『以一擊百，莫善於險；以千擊㊹萬，莫善於阻。』（此亦劉儁之對張輔㊺。）又曰：『善戰者無附水而迎客。』（先生長於兵法。）將軍之禦此城，前有江河襟帶，後有山林障蔽㊻，雖秦之潼關，蜀之劍閣，亦不過此，縱欲乘之㊼，接兩翼而㊽不能飛過，彼不知㊾利害，擅自渡兵，此時只遣數騎登城，（不言己自登城，而言遣騎登城，巧妙㊿！）一箭射下，則北兵自化爲三江之魚(51)矣。此三敗也。（此說地利。）然勿謂明之無人，莫或中軍必有能兵之將，見我之(52)以逸待勞，而彼之糧食不繼，三軍久駐，疾病易生，欲自退兵(53)，故佯爲結筏渡江，然後(54)自退去，故武備曰：『善用兵者(55)，進而人莫能禦，退而人莫能追，』此之謂也。（前既解了三敗，後又開說一段兵書，以眩關將，巧絶！）某之孤窮投托(56)，幸得全生，每欲投賊復讎，以報元戎之德。竭誠事主，反得猜疑，願死於大將之前，以絕奸細。」言了，挈劍欲自刎，民獻卽抱住，奪劍擲于帳外，（就使獻不奪劍，則范旦如何區使(57)？）叱曰：「參軍出，我得范旦，如齊桓之(58)得夷吾，（幸不得中肩耳。）汝何不有容人之量乎？」發見諫不聽，長嘆曰：「三軍必死于佞人之手。」一自出南門，取三百精兵，投物賴去了。正是：

一時佞口欺人易　千古忠言悟客難。

未知出去如何，且聽下回分解(59)。

【校勘記】

❶「畢」字甲本作「會」。

❷「帳內」乙本作「帳中」，「一」字甲本無。

❸「是」字乙本無。

❹「外則為將為兵」甲本作「外則為兵」。

❺「老彌切」甲本作「謀切」，乙本作「老謀切」。

❻「蒙」字甲本作「象」。

❼「往」甲本作「駐」。

❽乙本作「印符」。

❾「伏」字甲本作「屯」。

❿「將」字據甲乙本補。

⓫甲本「申時」作「甲辰」。

⓬「石」字據甲乙本補。

⓭甲本「置」字下有「一」。

⓮「出」字甲本作「以」。

⓯「喪師」甲本作「折兵」。又「此四屯」雙行註據甲本補。

⓰「領」字乙本作「引」，甲本「領」下有「兵」。

⓱甲本無同字。又「取齊」乙本作「聚會」，甲本作「取濟」。

⓲「命」甲本作「令」。

⓳「嘆獎」原作「嘆想」，據乙本改。

⓴「無」字甲本作「之」。

㉑「塵」字甲乙本作「聚」。

㉒甲乙本無「令出行酒」四字。

㉓乙本「是」作「此」，甲本「如是亦」作「亦是」。

㉔「出」字下甲本有「將」。

㉕「設酒」甲本作「擧酒」。

㉖「俾臣」原作「請」，據甲乙本改。

㉗「主意若何」甲本作「意主如何」。

㉘「軍」字下甲本有「中」字。

㉙「徹」字甲本作「達」。

㉚「参軍」乙本作「参將」。

㉛甲本無「攻」字，乙本無「制」字。

㉜「先」原作「前」，據甲乙本改。

㉝「色」字下甲本有「言」。又「参軍」乙本作「参將」，甲本作「將軍」。

㉞甲本無「不議人和」。

㉟「耳」字乙本作「也」。甲本無「明」字。

㊱「反說」甲乙本作「只說」。「得入」甲本作「趨入」，原本作「得人」，據乙本改。又甲本無「問」字。

㊲「山川」甲乙本作「山河」。

㊳「民」甲本作「兵」。

㊴「橫兵」甲兵作「構」。

㊵「號哭」乙本作「號泣」。

㊶「起」甲本作「定」。

㊷「是」字據甲本補。又「故曰」甲本無「曰」字。

㊸「兵法」二字據甲本補。

㊹「擊」字甲本作「御」。

㊺乙本作「此亦劉備之對馬輿」。又甲本「對」作「討」。餘同底本。

㊻「障蔽」甲本作「蔽障」。

㊼「乘之」甲本作「承接」。

㊽甲乙本無「而」字。

㊾「知」字甲乙本作「自知」。

㊿乙本無「巧」字。

(51)乙本無「之」字。

(52)甲本無「之」字。

(53)甲本「欲」字上有「彼」字，無「兵」字。

(54)甲乙本無「然」字。

(55)乙本無「善用兵者」。

(56)「投托」二字據甲乙本補。

(57)甲本無「則」字，「區使」作「處置」。乙本「區使」作「區處」。

(58)甲本無「之」字。

(59)乙本「未」字作「不」，「回」字作「文」。

第十四回

范旦竊印走豐州　張韶奪壺擊王友

却說段發引兵出去❶，范旦佯爲喘息不已，民獻以好言撫諭❷，旦曰：「臣欲呑參軍之肉，可消其恨。」伯樂曰：「彼係是❸朝廷爵命，勿可輕擊❹，俟清平之後，我片❺一本，削其兵權，然後隨汝所爲。」旦乃止。卽令軍中行酒❻，三通擂❼鼓，上下相歡。（勝漢王會于彭城十倍，安得不敗乎❽！）內傾北斗之樽，外奏南薰之樂，淹淹夜飲，盎盎晴遊。碧月高懸，影截千山之樹；珠星遠照，光穿四水之波。（此是敍景，先寫星月❾交輝，以照下文雲昏雨降，始知天道不絕南人之類。）不覺此時銅龍❿三轉矣，獻樂大醉，喚范旦語曰：「今日之宴，勿視尋常，將印兵符，國家所係，汝宜謹守，愼勿疎虞。」（奉守！奉守！寄那與鳥，投身許虎。）旦唯唯，獻等遂就寢。旦出外⓫，見各寨將士蓬頭伸足醉臥⓬，卽喚衆人整衣束甲，腰懸弓矢，手執利刀，放升天砲，登城應候。時北兵居在河，見火號，入報張輔，輔急令⓭軍中曰：「賊所恃者此城，我已得神人之助，大丈夫報國立功，在此一擧，先登者賞不次。」於是將士踴躍，擊棹如飛，至四更，泊南岸，盡將囊草塡濠，一刻卽成大路。旦望見北兵近城，擧吹⓮銅角一通，輔率都督黃中以雲梯附城，指揮蔡福等先登，諸將維之，將南寨放火，城上火炬齊明⓯，鼓聲競響，胡兵蒼惶⓰失措，又因帶醉，矢石不得發，敗走。旦等走入帳中，摘取印符，開出東門望豐州去了。此時獻等猶在醉鄉，猛醒，聞軍中喧鬧，乍起出門，見火光衝天，急喚范旦不見，（已取印符去遠矣。）望帳中已失印符⑰所在，驚惧走出東門，見火起，走回南門，聞純是北兵聲鬧⑱，轉至西門，見無人，自開門出外，收得一千餘人，順路退走。北兵圍合，盡將四面放火，房屋延燒，城中存三萬人，焦頭爛額，哭聲喧天⑲，忽然見一聲響喨，雲陰密布，大雨如注，火光盡滅，餘者全活。後人有詩云：

逆賊猖狂起戰鋒，　自將赤鬼鎖機中。
若非神女巫山降，　三萬雄兵作火龍。

黃福傳令，南國民兵盡皆放出，一不妄殺，惟活捉渠魁而已。此時明將王友⑳驅兵入城，搜取財物，撞遇胡書記張韶，王友令軍圍住，韶奪槊橫㉑突，刺死三四人，不幸槊折，被友兵所獲，調回寨中。這寨前日之宴，酒肉猶存，王友命取酒來吃㉒，（呆哉！王友。）須臾軍士引張韶至。友呵呵而笑曰：「好！好！好！」復吃了一杯，言曰：「張書記胡晚至，能我從，享富貴。」又舉一杯吃了，突曰：「好！好！」韶大罵曰：「鼠輩怎敢欺我，城存則守，城沒㉓則亡，豈求汝富貴乎！」友持壺近前便酌，韶奪壺望王友一擊，壺破，刺中友面，血出㉔滿襟，王友怒，命推出寨外㉕腰斬，至死韶罵不絕口。時人有詩吊云：

槃根錯節鎖邊城，　慷慨軍中一槊橫。
富貴骨頭㉖休足問，　丹心誓死不臣㉗明。

且說張輔入城，遣兵四索，已不見胡將所在，驚訝！黃福曰：「胡將失守城池，勢必遁死㉘，不足驚疑。第我得此城，寔賴黎善之力，今沒見一人，不知何幹？」即喚百姓問訊，百姓曰：「五更時見一枝兵馬，衣間有義字，手握兵符，斬關出東門去了，不知何處兵士。」福知之，言曰：「黎善用兵如此，勿謂淵淺無龍也。」劉儁曰：「雖然賊城既破，賊將尚存，去草而不去㉙根，則枝葉復㉚生，難於鋤治，況豐州象陣，兵將㉛尚多，彼若復來，此時又費了一場戰鬥，未可必也。」黃福曰：「公言亦是。張將軍引兵追賊，沐將軍往破豐州，探黎兵消息，後共來會齊㉜。」諸將依議，沐晟起兵望豐州直往。正是：

不憂賊將跳城去，只恐黎兵奪印回。

未知此事如何，且聽下回㉝分解。

【校勘記】

❶「去」甲本作「了」。

❷「諭」乙本作「誘」。

❸甲本無「是」字。

❹「擊」甲本作「擧」。

❺「片」字甲本作「作」。

❻乙本作「卽命軍擧酒」。

❼「擂」字甲本作「鐘」，原作「雷」，據乙本改。

❽「安」字乙本作「勢」。

❾「星月」原作「月星」，據甲乙本改。「始」字甲本作「此」。

❿「龍」甲本作「音」。

⓫「出外」甲本作「出塞」。

⓬甲本無「各寨」「醉臥」等字。

⑬「令」乙本作「軍」。

⑭「吹」字據甲乙本補。

⑮「火炬齊明」甲本作「火砲齊鳴」。「鼓」作「數」。

⑯「惶」乙本作「卒」。

⑰「印符」乙本作「符印」。

⑱甲本「聲鬧」作「喧鬧」，無「轉」字。

⑲「天」字下乙本有「死者無數」。

⑳「王友」二字據乙本補，甲本作「王支」。

㉑「橫」字甲乙本並作「衡」。

㉒甲本「命」作「令」，乙本無「來」字及雙行註。

㉓甲本「守」作「存」，「沒」作「亡」。

㉔「出」字甲本作「流」。

㉕「寨外」甲乙本作「寨前」。

㉖「骨頭」甲本作「頭顱」。

㉗「臣」字甲本作「降」。

㉘「遁死」乙本作「逃走」，甲本作「逃去」。

㉙「去」字甲乙本作「除」。

㉚「復」字甲本作「易」。

㉛「象陣」原作「蒙陣」，據甲乙本改。「兵將」甲本作「將士」。

㉜「會齊」甲本作「齊會」。
㉝「下回」乙本作「下文」。

第十五回

黎欽飛馬刺文丘　段發伏兵擊沐晟

却說豐州守將乃都督費文丘，其人勇健膂力，時列象陣於椿內，日日練習，甚是巧精。黎❶欽得令，出屯遠山，會衆議曰：「將父不遣他將，而遣孩兒，意必憑諸公之力也。」諸將曰：「軍師此命，非是尋常，或者先試吾輩之能，後驗小將之略，有何計策，小將賜教，某不辭難。」欽曰：「如是，則阮產將二百人出東園❷，此處有三山，將馬蒙以畫獅埋伏，聞號擊賊之左陣❸；杜容以二百人出富老，此處雖是無山，然有一處草木幽鬱，亦可伏兵，以虎皮蒙馬首，見號抄出賊右陣❹擊之。」二人將兵去訖，欽令一百人斬枯草灌油，每人一束，移營屯伏，以俟攻擊。時豐州將士得大軍分賜酒餚，士卒歡喜。費丘曰：「元帥賜令，不可不從，第行兵之道，不以治而忘亂，不以安而忘危，兵不可不持，城不可不備，爾等其愼之。」諸軍❺聽令，不敢盛飲，日夜巡防。至五更，見多邦城火光衝天，砲聲震地，軍士入報，費丘急出整兵來救，行未及半里，欽覘得，令❻兵縱草入城放火，丘軍後隊望見，叫❼曰：「舊城火起。」丘回顧，四方八面，煙火盡著，自引兵回救，近至城外，見一聲砲響，左邊阮產殺來，右邊杜容殺來，丘促象拒戰，產容各以獅虎翼而前，象皆股慄，多中砲箭，縮鼻便走。丘手提雙劍，力戰二將，鬥至百餘合，精神加倍，欽見二將力已漸衰，即飛馬橫鎗❽，直入陣中，望費丘一刺，落于地下，殺敗衆軍。忽見一枝象馬⑨趨來，乃是前屯督兵胡玄聞費丘被圍，引兵⑩救應，欽遣阮產出戰，至平明，未分勝負，自然⑪胡玄落于象下，諸軍紛紛解散。欽乘勢衝殺，見范旦執符印匆匆而來，欽問曰：「公何得早來？」旦曰：「我奉軍師將令，依時卽來。至此見一人立于象頭督戰，因出其不意，望後一射，穿過喉前，翻身墜下。」欽曰：「旣有將令，同我速行，勿可刻緩。」二人合兵望丹鳳進去。及沐晟進兵來時，則城池寨柵皆已⑫殘破，復見二三小卒被傷臥于頹壁間，晟不解所以，喚小卒問曰：「汝何處兵士？寔告我來⑬，糊塗者斬！（耀武揚威於無人之境⑭，可笑！）小卒驚懼，盡將顚末說了。晟始知黎兵⑮內應，旣出于此，自引兵遍觀欽伏兵戰陣處，驚曰：「如此將才，我誠不及，幸而天賜助我成功，若彼與賊合⑯謀，我難必勝。」言了，分兵爲兩部返回，由永誓而進。

卻說段發先是引兵至物賴，擾取民兵，得二百餘人，入林中駐札⑰。聞得多邦失守，遣人飭取豐州兵馬，引來收復，遣人回報豐州失了，諸將被戮，發失驚⑱不敢出，令軍士人啣枚、馬去鈴靜往。又遣一人去探北兵虛實，其人至途中，聞沐晟進兵勦捕，卽回申報。發分兵爲三道埋伏，囑曰：「鳴金起兵出擊，鳴鼓收軍⑲。」二道伏訖，沐晟提兵進來⑳，中軍建一大旗，內書平南大將軍平西侯沐晟，發候至近，鳴金一通，伏兵齊起，吶喊之聲，震動林谷㉑，將沐晟圍住。（二番被圍。）此時晟不知有伏兵，不有防閑，手無寸鐵，段發提刀奮來㉒，喝曰：「段將軍在此！」望晟一刺，晟只以㉓木盾遮蔽，幾不能脫，幸得吳旺挺兵趨來，手伏丈八蛇矛㉔，坐下赤兎馬，橫左刺右，遮前擊後㉕，殺開一條血路，救出㉖沐晟。發知不勝，退回林中，鳴鼓收兵。吳旺見鼓聲喧天，疑是應兵，不敢戀戰，望沐晟便走。發軍回寨中，問曰：「某欲追殺賊，公何以收軍？」發曰：「某見南面塵土衝天，賊之後軍必至，知我孤弱，分兵夾擊，我則㉗前後受敵，必然大敗。不若乘彼未至，舉兵退去，然後徐圖。」士卒聽令，發散去㉘民兵，惟取三百弁兵，望無虧去訖。北將李彬督後部，凡所到之處㉙，脅淫婦女，掠取貨財，故不能急行，及見軍中擂鼓㉚，自引兵來，沒見一人，問諸旁人，始知沐晟被困㉛，悔恨不已，乃自驅兵尋沐晟去訖㉜。正是：

兵微將寡知幾早，智淺心迷悔恨遲。

未知此去如何，且聽下文便見㉝。

【校勘記】

❶「黎」字據甲本補。

❷甲本「如是」作「如此」，「東園」作「東關」。

❸此句甲本作「聞號抄出左陣擊之」。

❹「賊右陣」乙本作「陣右」。

❺「諸軍」甲本作「諸將」。

❻「令兵」乙本作「令南兵」。

❼「叫」甲本作「嘯」。

❽甲本無「橫鎗」二字。

❾「象馬」甲本作「兵象」。

❿二字據甲乙本補。

⓫「自然」二本同，依文義當作「忽然」。

⓬原作「已皆」，據甲乙本改。

⓭甲本作「實來告我」，乙本作「實告我知」。

⑭「無人之境」乙本作「無人之處」。
⑮甲本無「黎兵」。
⑯「合」甲乙本作「協」。
⑰「駐札」甲本作「屯駐」。
⑱乙本「失驚」作「大驚」。
⑲「金」原作「鍾」，據甲乙本改。「收軍」甲本作「收兵」。
⑳「進來」乙本作「前來」，甲本作「趨來」。
㉑「林谷」甲本作「山谷」。
㉒「奮來」甲本作「趨來」。
㉓「以」字甲本作「得」。
㉔甲本無「得」「伏」二字，「挺兵」乙本作「挺刀兵」。
㉕「刺」「擊」二字甲本乙倒。
㉖「出」甲本作「脫」。
㉗「則」乙本作「必」。
㉘甲本無「去」字。
㉙「之處」二字據甲乙本補。
㉚甲本無「急」字，「擂鼓」作「撞鼓」。
㉛「困」甲本作「圍」。
㉜「訖」甲乙本作「了」。
㉝「下文便見」乙本作「下回分解」。

第十六回

問村夫民獻中計　遇義兵段發解圍

却說李彬尋沐晟來會，問張輔，張輔已追民獻去了。先是，民獻伯樂順道走至途中，遇大雨，（此雨應在城中滅火救❶民時。）軍士冒雨而行，欲便道取回西都。纔至松山，見一聲砲響，山上盡樹紅旗，旗內大書奉黎命前軍崇光，二人不知是何處❷兵士，躊躇未敢進。再見連珠砲，伏兵趨出，民獻此時心神不定，望後便走。崇光驅兵追躡，殺得胡軍棄甲曳戈，降者無算。崇光收拾器械回寨，民獻伯樂走至富有❸，點軍，失者太半，命入民家掠取糧米，堀坎造飯。（較之簞食壺漿之迎，已❹勝十倍。）伯樂曰：「昔我悔矣，存一萬雄兵在豐州，（已失了。）元帥和來❺撥取，復多邦城，甚爲全勝。」獻曰：「正是。」飯畢，二人引兵進發，至中途❻，見五六小卒狼狽而來，獻問曰：「汝何處軍士？❼」小卒曰：「臣豐州戍卒，五更被黎兵燒城，刺死首將，象馬盡散，一萬兵皆覆，臣得逃生❽至此。」二人聞之，呆了半晌，不知進退何路。會見二三村夫，蓬頭散髮而來，（前日黎善附耳低言，至此方曉❾。）獻遣人喝住，問曰：「汝何處人？而奔走若是！」（臣本黎軍師遣諭❿將軍耳。）村夫曰：「臣玉蕊人民，不知何道兵馬，自稱大將軍，起兵討北寇，抄入民居⓫，擄掠鞭撻，臣恐禍及，遁走出此。」伯樂曰：「此必愚民乘亂猖獗⓬，刼奪民財（刼財未明，探採⓭已見。）耳。我迅就誘彼協力討賊，封賞不次，彼若順從，整兵來戰，以復前屯，事⓮若得成，將彼斬之便了，如此則功歸于我矣。（伯樂心狗矣⑮。）彼若不順，亦盡殺之，且暫回朝，後有商議。」（恐不得回朝⑯矣。）獻曰：「都督見識甚大。」（狗與狗同。）再⑰問村夫曰：「還東都何處便⑱？」曰：「入玉蕊，過錦帶，經涸海，渡傘圓，出美良，還東都⑲便。」獻等喜，引兵入玉蕊，（請先生⑳入甕。）及至，見小路斷塞，大路平坦，樂曰㉑：「小路塞，大路通，何意？」獻曰：「此必小寇用計，塞諸小路，置大路，使商人通行以掠物耳。」自促軍前行，遙望山頭旗幟翳天，干戈麗日，獻立于馬上叫曰：「何處小將，急急㉒下山投降，與我討賊，我奏朝廷，加官賜爵。」言畢，見一聲弩響，閃出一將，上遮青蓋，下坐白騮，揚言曰：「汝不識監軍大將㉓鄧敦麼！我奉黎軍師命來取汝首級，汝早早下馬受㉔降，不然，則粉屍碎骨。」獻大怒，麾軍登山決戰，山上砲弩齊發胡軍不得上。忽有三四小民奔來叫曰：「後面北兵彌山遍野而來㉕，請將軍急退。」（此亦黎善附耳低言之衆㉖。）二人失驚，望大路快走，背後鄧敦驅兵拔寨下山追躡，叫曰：「胡軍降者免斬！」軍士叩頭請降，民獻回顧㉗，只存一百人而已。走至錦帶山，又見兩大㉘路，純是木石塞絕，惟小路尚曠，樂曰：「此處必有伏兵。」獻亦疑惑，住脚自看。見鼓聲大震，伏兵齊起，當頭一員大將乃阮濟，手執紅旗，指揮諸軍，將獻樂圍住，獻見進退無路，叫軍士曰：「途已窮矣，不戰則死！」諸軍奮力殊死，不能得解。倏然見㉙黎兵紛紛散出，一將飛馬橫刀殺入，左衝右㉚突，如入無人之境，救出獻樂，望後只見二三小卒㉛相從，問曰：「我兵何在？」小卒曰：「被賊兵圍了。」復提刀㉜殺入重圍，救了一枝兵馬，追殺阮濟，濟㉝敵不住，撥馬便走，乃引兵返回。民獻望之，乃是參軍段發，問曰：「將軍何能救我？」發曰：「某駐物賴，殺走沐晟，後引軍㉞入東林，差人細作，不早晚北兵卽至，故不敢久留，穿山攀木至此，見元帥被圍，不得已冒死救出。」獻曰：「若非將軍，必遭毒手矣。」發曰：「夷吾安在？」獻羞慚言曰：「悔不用參軍之計，以至失守城池，奔走終日，三四次遇賊，只稱『奉黎軍師命㉟特來討汝』不知此賊爲誰？」發曰此時㊱：「某盼目而戰；不知是誰，今元帥言之，此必是黎利兄弟也。前日某薦㊲于朝廷，徵之不出，今彼與北通謀㊳，則國家危矣。」獻曰：「量一窮民，怎敢如此？」發曰：「元帥勿低視一世㊴人豪，黎利有帝王之量，黎善有將相之才，漢之武侯，亦不過此。」獻曰：「如此奈何？」發長嘆曰：「天命有廢興，國祚有長短，不可以逆定，今已至此，暫且㊵回朝，此時便議。」三人開路㊶而行，軍士手無寸鐵，行至涸海，見山高水秀、草木清幽、鳥叫猿啼、風雲披拂、乃下馬歇㊷息。軍士勞渴，走至海邊汲水，獻樂困倦，解甲臥於草上，（何苦之甚！詩云：「僕夫況瘁。」其謂是歟！）微微㊸欲睡，段發獨坐，按劍沉吟。忽見砲響一聲，伏兵殺出，將獻樂縛了，（叉手㊹可得。）段發奪劍奮力獨戰，且攻且走，近至山傍，不幸跌足墜于石坎，舉之不上，黎兵趨來，發知不脫，望東叫曰：「我非不能盡心報國，今力竭矣。」欲以劍㊺自刎，見一人突如其來，呼曰：「汝不知後軍趙扈乎，我奉命來活捉汝，汝安得㊻捐生！」躍來奪劍，發死不得，被擒；諸軍盡降㊼。扈鳴金收軍，崇光、阮濟、鄧敦引軍陸續進至，合兵一處，先寫公文申報，然後獻俘。正是：

風送群雄歸椹裏，　星馳寸楮向轅門。

未知獻俘如何，且聽下文分解。㊽

【校勘記】

❶「救」字甲本作「拯」。

❷「處」字據甲本補。

❸「富有」甲本作「富良」。
❹「己」甲本作「必」。
❺「和來」甲本作「調來」。
❻「中途」甲乙本作「途中」。
❼甲本此句作「獻曰：汝何處兵」。
❽甲本無「生」字。
❾「而來」乙本作「而走」，甲本作「而奔走」。「低言」甲本作「而言」，「方曉」甲本作「方見」。
❿「諭」字甲乙本作「誘」。
⓫「抄入民居」甲本作「抄掠民居」。
⓬「猖獗」甲乙本作「猖狂」。
⓭「探採」甲乙本作「掠采」。
⓮甲本無「事」字。
⓯「心狗」甲乙本作「狗心」。
⓰乙本「朝」下有「矣」。
⓱「再」甲本作「亟」。
⓲「何處便」乙本作「何路為便」。
⓳「都」字下乙本有「甚」。
⓴甲本無雙行註。

㉑「樂曰」甲乙本作「伯樂疑曰」。

㉒「急急」二字據甲本補。

㉓「弩」字甲本作「砲」。「監軍」原作「參軍」，據甲乙本改。又甲本無「大將」二字。

㉔「汝早」甲本無「汝」字，「受」乙本作「投」。

㉕「彌山徧野而來」乙本作「追到」。

㉖「請」字甲本作「諸」，無「軍」字。又「此亦」甲本作「北兵」。

㉗「回顧」甲本作「回頭」。

㉘乙本無「大」字。

㉙「見」字據甲乙本補。

㉚「右」字據乙本補。

㉛「二三小卒」甲本作「三四小卒」，乙本作「二三士卒」。

㉜「刀」甲本作「兵」，乙本「圍」下有「住」，「復」字下有「見一人」。

㉝「濟」字下乙本有「抵」字。

㉞甲本無「後」字，「引軍」甲乙本作「引兵」。

㉟「奉黎軍師命」甲本作「奉黎軍師将令」。

㊱「此時」據甲乙本補。

㊲甲本「薦」作「進」。

㊳乙本無「彼」字，「北」下有「賊」。甲本「今彼」作「若今」。

㊴「世」下甲本有「之」。

㊵「暫且」甲本作「且暫」。

㊶「開路」甲本作「同路」。

㊷「歇」字原作「喝」，據甲乙本改。

㊸「微微」原作「徽徽」，乙本作「匆匆」，據甲本改。

㊹甲本無雙行註。

㊺「劍」字據乙本補。

㊻「安得」甲本作「烏能」。

㊼「軍」甲本作「将」，「降」上有「乞」。

㊽乙本無此二句。

第十七回

胡參軍降黎軍師　明督戰殺胡元帥

却說趙麾等❶生獲胡將，奏捷還大屯，黎善不看捷書，問曰：「今日我得一❷大將，胡不解回。」小校曰：「得三員大將。」善曰：「三人者一鶴二雞，汝急出前屯報趙麾，試觀今日何人與之力戰奮不顧身，調回我問，存二將檻在此，供給酒食，降卒各給糧食，勿缺。」小校領命，飛報諸將，以爲段發必死，送回轅門應候。善望見軍士縛段發解入門前，趨出喝退衆軍，自解其縛❸，推之上坐，命烹茶相待，發以手推倒于地，叱黎善曰：「汝是無良，同生南處❹，謀與北通，居其國而棄其民，在其邦而背其主，托爲辭聘，自萌略地之奸，假作耕夫，徒逞滔天之虐❺，有何面目與汝相對飲乎❻！速速斬之，庶不爲慚負之人矣。」善笑曰：「公既叱我，我豈不聞乎❼！夫良禽擇木而棲，賢士擇君而事，公❽既抱經濟之才，何必資暴逆之黨？以公之志，推公之爲，何異乎驅虎吞人，教猴❾升木，未免後世之解頤矣！」發曰：「女爲悅己者容，人逢知己者用，吾之委身從事者，正以酬知遇之恩，古人云：『乘人車則載人危，衣人衣則包人難。』吾豈以利而忘義耶？」善曰：「胡氏害物殘民，惡同桀紂，弒君專國，罪過王曹，況民者陳之民，主者陳❿之主，善之此舉，非爲身謀，（逃季犛之難而爲耳。）正以爲上爲德，爲下爲民，豈有萌僭叛之心，逞包藏之志乎？公若去暗投明，捨邪歸正，不徒漢蒼得去，而陳氏亦興，則黎庶獲蒙其福，顧公思之，愼勿見誚，發見善辭壯理直⑪，推心見誠，逐下階拜伏請降。善扶起携入帳中，謀兵事，諸將問曰：「渠寇三人，軍師去其二，何也？」善曰：「此固諸公不察耳，獻樂助桀爲虐，罪惡貫盈，昔在芹站之時，彼殺天平與明將，今北朝問罪⑫，薛岩聶聽子弟，豈不願來報讎乎？我若容之，彼必謂我養寇，莫如⑬權留在此，使彼殺之，則我不受殺人之名，而彼得遂⑭復讎之志。」諸將信伏。善喚趙扈謂曰：「汝引兵先去⑮迎接北將，延入前屯安歇。」諸將曰：「不知今日至否？」善曰：「今夕卽至。」趙聽令出去⑯。却說張輔引兵追民獻等，沒見信息，喚土人盤問⑰，土人曰：「早時已見投玉蕊去了。」輔欲將兵趨上，已見沐晟李彬狼狽而來，將黎兵焚象陣與被賊擊敗說了。輔問曰：「今賊何走？」晟曰：「不知下落。」輔曰：「追賊渠爲首。」乃合兵開山破石，斬木平林，取道直進。至玉蕊，見一舊柵，輔引兵觀看多時，適過一人，問曰：「何人駐兵在此？」其人曰：「前有一枝兵，自稱黎義兵，誘胡將⑱至，擊之，追入林中去了。」輔卽引軍⑲趨入。至錦帶，見四方八面草木萎靡，依是一個戰場，黃福疑之，問：「所在何處？官軍⑳戰爭于此何在？」對曰：「黎軍師遣人㉑誘胡元帥至㉒此，伏兵大戰，殺得胡兵棄甲投戈，只得單身奪走。」福㉓曰：「黎善用兵，眞神人也。」劉儁曰：「某驗自投書授計，決策攻城，象陣燒屯，玉蕊誘敵，以至於斯，雖伊呂亦不外是。」張輔見二人贊揚黎善，怒曰：「何㉔爲一輩群小，（憂心悄悄，慍于群小。）不過倚我勢而爲之，始得聲勢，諸公何稱譽㉕之過！」福曰：「將軍勿尋常視人，南國有此等人，我失於區處，爲患不淺。」輔含怒不答（有此日含怒，故後日生無數之戰場。）督軍㉖前進。曾半晌間㉗，見一簇兵馬，旌旗燦爛，弓劍精嚴，中建一大旗，內書「義㉘」字，當頭一員大將，手執神弓，坐下駿馬，遙聲㉙言曰：「前軍趙扈奉軍師將令遠來迎接，諸大將且行。」輔見黎兵問曰：「賊將安在？」扈曰：「某已擒了。」明將士聞得凶渠已執，皆欣悅稱嘆不已，乃㉚合兵同行，至于㉛涸海，延入前屯暫歇。却說北兵督㉜戰薛石聶行，乃薛岩聶聰之子也，昔時其父送天平回南，被胡將民獻伯樂殺死，及明舉兵討寇，二子奮然有㉝復讎之志，情願從征，成祖許充爲督戰，軍拔多邦城，二子恨不得獻等，哀號不止。會諸將追㉞至涸海，二子帶劍相隨，諜得獻樂㉟檻在前屯，自挈劍走至檻所，望見獻樂，各一劍斬訖，奔來帳前，拜曰：「小校憑大將之神㊱威，已殺讎人，請來伏罪。」張輔曰：「汝殺父讎，誠爲好著，第可惜者，縛而殺之，殺得不快。」二子拜謝出門。見一人布衣布服，坐下白馬，形容清秀，面貌端莊，將士環列左右，遣人入軍門先報黎軍師來接。時北朝將士聞得黎善名而未知其面，皆走出觀看，軍遮滿路，馬不得行，鄧敦叱曰：「三軍起！」聲如巨雷，北兵驚起，張輔雖心中藏怒，然猶買了人情，自率沐晟劉儁黃福等出門迎接，兩邊各下馬揖拜，延入寨㊲中，敍禮畢，善曰：「遠勞天師㊳，辱臨敝邑，小國㊴自甘重罪。」劉儁曰：「幸得先生神謀助戰，不然，安㊵得至此。」兩邊說話㊶良久，善曰：「日已夕矣，今且少歇。明早煩請㊷諸將惠來小屯議事。」諸將曰：「諾！」善令軍士牽牛羊來獻返回。正是：

胡㊸寇聞風驚破膽，　明兵望影動歡心。

未知返回如何，且聽下回便曉㊹。

【校勘記】

❶甲本無「等」字。

❷「一」字據甲乙本補。

❸「衆軍」甲本作「軍衆」。甲本無「其」字。

❹「汝是無良」甲本無此句，乙本「是」作「甚」。「同生」甲乙本作「生同」。
❺「虐」甲乙本作「逆」。
❻「與汝相對飲乎」甲本作「與爾相飲」。
❼甲本無「乎」字。
❽「公」甲本作「君」。
❾「猴」甲本作「猱」。
❿「陳」下乙本有「氏」。
⓫甲乙本作「辭直理壯」。
⓬甲本作「命北師問罪」。
⓭「如」甲本作「若」。
⓮甲本無「遂」字。
⓯「去」原作「出」，據甲乙本改。
⓰乙本「去」下有「了」，甲本作「趙扈聽命卽去」。
⓱「盤問」乙本作「盤詰」。
⓲「將」字下甲本有「兵」字。
⓳「引軍」乙本作「引軍」甲本作「率兵」。
⓴「軍官」乙本作「官軍」。甲本無「在」字。
㉑「黎軍師遣人」乙本作「黎將軍遣人」，甲本作「黎將軍」。
㉒「至」乙本作「入」。

㉓「福」字下乙本有「言」字。

㉔「何」字乙本作「彼」。

㉕「譽」字甲本作「揚」。

㉖「患」字甲本作「禍」。「有此日含怒」甲本作「自此含怒」。「生無數之戰場」甲本作「出無數戰場」，乙本則作「無數戰鬥來」。「督軍」乙本作「督兵」。

㉗「間」字甲本無。

㉘「義」下甲本有「兵」字。

㉙甲本無「聲」字。

㉚乙本無「得」字。「乃」甲乙本作「遂」。

㉛「于」字甲本無。

㉜「督戰」甲本作「齊戰」。

㉝「奮然有」甲本作「有奮然」。

㉞「諸」字甲本作「二」，「追」作「進」。

㉟甲本「樂」字下有「等」。

㊱乙本無「神」字。

㊲「寨」甲本作「軍」。

㊳「遠勞天師」甲本作「勞遠天神」。

㊴「小國」乙本作「小邑」。

㊵「安」甲本作「何」。

㊶「說話」乙本作「話說」。

㊷甲本「早」作「旦」，乙本無「請」字。

㊸「胡」字原作「明」，據甲乙本改。

㊹「便曉」甲本作「便說」，乙本作「分解」。

第十八回

沐右將起擊段發　黎上將賺襲東都

却說黎善出接明將，回自前屯，入內房與段發談論兵機，推演遁算，段發想起，問曰❶：「黎尊伯安在？」善曰：「所在❷不遠，公問何幹？」發曰：「今天下大亂，能順天乘時，濟群生於艱難者，非上聖❸與英雄不能爲也。曷若推尊伯兄爲主❹，掃除亂略，鎭撫兆民，則天下可定矣。」（發明明已有立❺黎之意。）善聞言失❻驚曰：「先生差矣，且天下大物，非薄力細故所能維持，我家德薄，安敢望此！況陳裔尚存，復位承乾，正當今日，宜竭力輔之，以免後人之饒舌幸矣。」發曰：「陳祚斬矣，公雖撐力扶天，窮謀縮地，事亦不濟，有云天不昌劉，雖百❼孔明扶之不足。且明臣貪猾，窺我山河，原非一日，今因其釁，占奪其地，割治其民，此時我欲取之❽，則費了一局，願明公思之。」善曰：「權不可預設，變不可先圖，興廢之機，付于大造。若我藉以復陳爲名，而又奪陳之祚，豈有立身于天地乎！」二人支吾竟夕，不覺東方已白。善令人就前屯請明將張輔等❾立至傘圓屯中❿，分賓主坐定，善命設酒，再令酒吏就兩班獻酬，酒吏聽令，引酒⓫就西階，獻曰：「張將軍飲諸。」「沐將軍飲諸。」「黃將軍飲諸。」勸各將畢⓬，趨東階獻曰：「崇將軍飲諸⓭。」「趙將軍飲諸。」「段將軍飲諸。」此時沐晟猛省，知胡將段發前日伏兵掩殺，今復在坐對飲，忽然奮怒，轉睛視發，幾乎裂目，發亦倏爾激憤⓮，則目顧⓯晟，卒至塡胸，二人各相顧盼，晟拔腰間之劍，發折[16]背後之弓，趨來兩相撕打[17]，晟以劍刺段發之腹，發閃過，以弓擊[18]沐晟之頭，晟格去。張輔喝曰：「沐將軍安得無禮！」黎善亦曰：「段發且住！」二人言了，各起抱住，善推發就東階，輔携晟回西席。（此會無漢王項羽，而有項莊、項伯，一笑！）善曰：「軍中行樂，反出[19]仇讐！」輔以事責晟[20]曰：「彼是賊臣，反生詭計，途中設伏，抗拒天[21]兵，使將士奔走顛連，幾乎喪命，（胡不言我奔走顛連[22]？）今遇此，殺之便了！」善曰：「發已降矣。」晟曰：「降公不降我！」輔曰：「降黎軍師卽是降我，將軍不記皇上[23]誓師于龍江乎！」（萬記不得。）黃福曰：「矢之在弦，不得不發，昔日未伏，乃是我讐，今日已[24]降，乃爲我將，使將軍當段發之時，將起之耶？抑止之耶？」晟自知失律，起謝。福揖黎善問曰：「今賊之門戶雖失，而巢穴猶堅，先生有何計策？」善曰：「請諸公勿憂，東都已在善掌中矣！」張輔愕然問曰：「軍師有何神出鬼沒，下得東都！」善曰：「某有二兄一子，意已[25]來襲取了，今日早晚必有捷報。」明將舉皆冷笑，以爲不信，安然飲酒，不題。却說黎利得黎善授計，返回美良，招軍買馬，撫養士卒，以潘僚爲左軍，車三爲右軍，范柳爲前軍，范宴爲後軍，農文歷爲中軍，丁禮黎豸爲左右參贊，黎石爲總統兵馬，十二月己未，宰殺牛羊，犒享[26]軍士，會見段莽引三千輕騎來投，以爲前部先鋒，傳令四更造飯，五更起兵，徑出柴山，至丹鳳屯駐。丁禮遣丁狗引兵自丹鳳至喝江，將大小各路截住，見胡兵[27]逃回，盡捉。丁狗去不多時，生獲解四百餘人，丁禮令去下軍色器械，檻于別所[28]，不使脫去。軍士將檻訖，見哨馬回報：「不知何處兵馬，如追風而來，請上將遣[29]兵拒戰。」利上馬出門觀望，當頭一員小[30]將乃黎欽，隨後范旦率五百精兵進行，欽望見黎利，乃下馬揖拜，曰：「小姪晚來，伯父少罪[31]！」乃同回軍中。欽將符印奉上，利命黎豸寫疏，用胡元帥朱印押下，（昔日善附耳低言，至此方露。）丁禮以胡軍服色許先鋒軍穿了，命段莽打着胡將旗號，手執兵符，望東都前進，諸軍拔寨後行。時方戊未，至東都；黎利分諸將三面埋伏，令段莽㉜叫門告急。時東都城中純是文臣，武將惟有㉝總統軍國事務呂智，督率兵士，保守城郭，夜間城外叩門報曰：「多邦城危急，元帥疏回奏請。」守門將吏曰：「城中嚴禁，夜間不得開門。」段莽曰：「若不得奏，則多邦陷矣！」門吏打燭照看，見元帥旗號本軍服色，言曰：「有疏投上城來。」莽掛箭射入城上，吏奔入上殿啓奏。漢蒼檢認，的是元帥印迹，詔出開門。段莽擁兵直入，將門吏斬了，後軍進至，叫殺喧天。呂智聞變，引兵來迎，遇段莽于御巷，兩馬交鋒，戰數百合，未分勝負。侍衞入奏：「城中匪徒竊發，打攻㉞甚急，請陛下出幸。」漢蒼聞奏，出門望㉟見三面火炬映天，砲聲震地，大驚，走入後宮，率皇親公子一門老少㊱幷近臣文武開東門出走。（不知三千美女亦在此行否㊲？）呂智不知，與段莽酣戰，殺至天明，遇㊳范宴衝殺過來，張弓掛箭，望呂智一射，適中窩心，翻身落馬，胡軍盡散。辛酉，克東都。黎利入城，安撫百姓，城中黎庶焚香伏道拜謁，利以好言慰喻，曰：「我所以來，除暴救民，無有所害。」令軍中秋毫無犯，違者立斬，百姓歡喜不勝。黎利命取追風馬，飛報軍師，及報至傘圓屯，明將酒筵方滿，聞得㊴東都已克，皆驚愕嘆服。沐晟曰：「軍師神謀聖略，令㊵人猜之不出。」善曰：「此小可也，不足深羨；雖然，東都既破，強孽未除，將士宜加力一番㊶，掃清惡黨。」皆曰：「善！」輔等起兵㊷出。善喚段發囑曰：「公居在此，撫諭方民，遣人往廣威，歷觀地勢有何所險要㊸，畫取一本地圖，致某就東都觀事體如何，後有另議㊹。」再喚趙扈附耳說了一遍，遂起兵和與明將望東都進發㊺。正是：

謀攻深窟善圖終。
智取堅城能謹始，

未知進發如何，且聽下文分解。

【校勘記】

❶「問曰」甲本作「問道」。

❷「所在」乙本作「在所」。

❸「上聖」乙本作「聖上」。

❹甲本無「咼」字，乙本無「兄」字，「主」字上有「盟」。

❺「有立」甲本作「有尊立」，乙本無「有」字。

❻「失」字原作「卽」，據甲乙本改。

❼「百」字甲本作「有」。

❽「我欲取之」甲本無「我」字，「取」甲乙本作「爭」。

❾「等」字據甲乙本補。

❿「乇中」乙本作「中乇」。

⓫「酒」原作「滿」，據甲本改。

⓬「勸各將畢」甲本作「勸諸將軍畢」，乙本作「勸將飲畢」。

⓭「飲」字據甲乙本補。

⓮「激憤」甲本作「發憤」。

⓯「顧」下甲本有「盼」。

⓰「折」甲本作「引」。

⓱「撕」字原作「提」，據甲乙本改。

⑱「擊」字原作「刺」，據甲乙本改。
⑲「出」原作「至」，據乙本改。
⑳「晟」字下衍「晟」字，據甲本刪。
㉑「天」原作「大」，據甲乙本改。
㉒甲本無此雙行註文。
㉓「皇上」甲本作「上皇」。
㉔「已」甲乙本作「既」。
㉕「已」甲本作「既」。
㉖「亨」字甲本作「労」。
㉗「兵」甲乙本作「軍」。
㉘「所」甲本作「處」。
㉙「遣」甲本作「起」。
㉚「小」甲本作「大」。
㉛「少罪」甲乙本作「恕罪」。
㉜「莽」字原作「發」，據甲乙本改，下同。
㉝「有」字據甲乙本補。
㉞「打攻」乙本作「攻打」。
㉟甲本作「漢蒼走出門望辰」無「聞奏」二字。
㊱「一門老少」作乙本「門」作「家」，甲本作「一家老幼」。

㊲甲本無此雙行註，乙本「亦」字下作「有」。
㊳「遇」字據甲本增。
㊴「聞得」原作「得聞」，據甲乙本改。
㊵「令」甲本作「使」。
㊶「加力一番」乙本作「一番加力」。
㊷「兵」字乙本作「行」，底本無，據甲本補。
㊸「何所險要」甲本作「何所要險」，乙本作「何處要險」。
㊹「有另議」乙本作「另商議」。
㊺「明將」甲乙本作「北將」，「進發」甲乙本作「便發」。

第十九回

向西都彬中賊謀❶　漁碧湖利得神劍

却說黎善與明將望東都進發，凡所過之處，百姓簞食迎候；行至東都，黎利率將佐出門延入城中，少敍南北❷會遇，於是三江諸郡縣詣門請降❸，北兵得志，無所畏忌，出外虜掠，淫脅❹婦女，民苦，奔黎利❺控告，利遣人追捉士卒，去不多時，獲回三❻人。利曰：「天兵到此，本欲安民，反致害民，置爾何用？」立斬之。（明將以此為例。）明朝將佐望之失色，然理屈不敢啓齒。劉儁曰：「漢蒼遁走，必回西都，黎軍師以爲何計可破？」善曰：「西都聞得東都已破，季犛必棄❼城走矣！應準一員大將前來，先占根本之地，然後追討，勿致彼聚兵合勢，堅城固守，此時攻之甚❽難！」儁依計，命左❾參將李彬以一萬兵向西都，善曰：「某有呆子欽，亦使相隨，凡事計議而行。」輔曰：「善！」使李彬和與黎欽進兵，善打撥銳卒❿一千與欽同往。彬輕欽小兒，埋怨張輔失於調度，不與欽答話，引兵先行，至同梅江，見江豁⓫水深，無舟可渡，命駐軍伐木造橋濟師，欽自思曰：「李彬輕我年少不足與謀，不若我自別良圖。」乃喚阮產杜容謂曰：「二公以六百精兵，往同梅上流，撥取儂人船隻，渡江至石城縣後⓬埋伏，見南北交兵，分爲二道，一出擊賊後陣，一向西都禦應兵。」二人去訖⓭。却說西都聞東都諸郡縣⓮盡失，北兵又進至⓯，城中百姓一日夜四五番驚動，季犛恐，議欲南幸，群臣諫止，尚書范見覽曰：「此城是根本之地，兵精糧足，若去⑯而不守，則無棲身之所，莫若遣⑰截各山河要害，然後選徒進出⑱，收取城池，以復社稷；陛下若南幸，則百姓誰以爲主而共事之乎？」季犛依允，詔大將軍韓雄引⑲兵拒敵。雄領命進至石城，則李彬兵已渡同梅，颯地而來，雄住軍⑳，令兩邊沿途百姓放出，惟置空家，以魚油硫磺灌注，分兵設伏，自引兵向前，布列陣勢，立馬橫刀候敵。李彬衝騎飛來，雄不打話，麾兵交戰，兩邊鼓角齊鳴，鬥至四五合，雄打㉑馬便走，彬驅兵趨來，雄叫曰：「汝不怕死乎！」復輪刀回戰，鬥六七合，復走，李彬追急㉒至武舍，見連聲砲響，火光大發，火起風生，風盛火急，伏兵齊起㉓，韓雄回兵將李彬困在垓心，彬冒煙衝火，東投西突，不得脫，背後韓雄殺來，忽然胡軍叫曰：「陣後有兵殺至㉔！」雄停刀回顧，彬欲奪路逃走，已見一小將騎馬橫槍，從左邊飛出㉕，望韓雄一刺，落于馬下，殺散衆軍，救脫李左㉖將，乃是黎欽。李彬曰：「小將何處來救我？」欽曰：「某度將軍必中賊計，故分兵埋伏，擊賊後陣，使彼回救，因㉗出其不意殺之，以救將軍。」李彬謝伏。（勿謝將軍，豈有謝小兒乎！）二人乘勢驅兵趨殺，追至西都，不見動靜，李彬疑訝，傳令駐兵，見鼓鳴三聲，城上豎起一紅旗，內書「義」字；後見一大將叫㉘曰：「前軍趙扈奉軍師將令，取城已多時矣。」命開出四門，李彬見了大驚，入城問趙扈曰：「將軍何由至此？」扈曰：「軍師㉙出東都時，密遣某將一千兵，夜行晝止，倍道向西都，次㉚于錦水北林，候胡將出外，將城襲之，（上回喚扈附耳低言，至此方露。）某至此，使人探聽，見韓雄引兵出去，乘虛襲之。季犛焚宮室倉庫出走㉛，某率軍救得火滅，然後追趨㉜，季犛走至半途，却被黎小將差杜容殺至，彼進退無路，遁入㉝海外去了，追之不上。」李彬曰：「軍師如此神算，眞古今之奇才也。」命寫書奏捷，欽扈亦舉㉞兵回至東都。張輔喜得兩㉟都，又見交趾山河城郭，朝市人民，國富家稠，男清女秀，已有占據之意，自引將佐佯爲撫巡㊱郡縣，以觀形勢，只疑黎善或有異謀，遣人邀與同行，利曰：「去便去，何必邀人！」善曰：「彼疑我耳，故使同行。行便行，有何畏彼！」欣然應諾。善行至碧湖，見一片白氣自湖中直上衝天，心知必有寶劍，欲回使人摸索，然業已應行，豈有復返，默然而往。黎利居城中，恰逢皇考諱日，動思平生酷好鱒魚，令軍士四索不得，兄弟憂悶不已，石曰：「碧湖舊畜，必是多魚，伯兄使漁人求之，莫或有得！」利曰：「正合吾意。」命漁舟張網放下，不一時，魴鯉擲上盈舟，鱒魚不得。利曰：「魚蝦如此，鱒何得㊲獨無？」喚黎石曰㊳：「叔一舟，我一舟，我和㊴你共打，豈不得乎！」兄弟共登舟取網，撐出湖中，羅網放去，往來數十次，網不見動，利曰：「怪！怪！不覩一物，何也？」言了，又放。見網搖曳，執紐牽去，網加沉重。言曰：「這擠不少。」加力牽上過來了，不見一物㊵，惟一段古木而已。利曰：「魚脫矣，可惜！可惜！拾而擲去，再將放下。黎石曰：「吾網魚已罹矣！必是巨大！」自牽上舟中，別無他物，只是舊鐵一片耳，亦將擲去。兄弟攻打三四五次，只得古木舊鐵各一段而已。利曰：「雪盛隆多，寒風砭骨，魚既不得，不如且回，別尋他物，以供祭事。」乃捨舟登岸，持回細認，利㊶是一劍柄，舊孔猶存；石是一劍舌，尾末不朽，丙相掛入，全然不動，退之不出，遂苗于帳中。時人有詩云：

古今靈異白天留，一氣縈蟠射斗牛。
三尺龍泉歸有德，帝王還是帝王州。

遣士卒宰殺牛豬致祭。及暮，黎善來㊷歸，遙望湖中已失白氣所在，心中疑訝。回至城中，升堂拜畢，趨出帳外，款接將佐，就後房㊸宴息，見火光滿室，至近覩之，乃是一劍，驚問小卒：「此物從何㊹得來？」小卒曰：「二大將前日出湖求魚，偶得此物。」善暗喜：「神劍已歸吾兄。」默然就寢。明日，見門吏入報，黃尚書請先生赴㊺議，善整衣往北營，已見文武諸將坐列㊻，善就席，張輔曰：「先生使趙扈襲城，何不捉㊼季犛？」善曰：「某昔觀星象，勢㊽未可擒！」福曰：「南國主星猶光芒未暗，何得而擒？黎公與我所見略同（既云所見略同，何爲占據）耳。」劉儁曰：「兩都既得，首逆未除，諸將宜努力一番，掃清惡黨。」善曰：「胡氏父子跳身遠遁，不足爲憂㊾，今籌江、盤灘、木丸等處賊將梟雄，擁兵數萬，我若整兵遠出，彼必㊿奮旅來攻，莫若先去羽翼，然後遠征，一舉大定。」張輔依計選日起兵。正是：

不憂首逆跳身去，只恐渠魁反面來。

未知出征如何，且聽下文分解(51)。

【校勘記】

❶「謀」乙本作「計」。
❷「南北」甲乙本作「北南」。
❸「請降」乙本作「投降」。
❹「淫脅」甲本作「脅淫」。
❺「黎利」原作「黎善」，據甲乙本改。
❻「四」字據甲乙本補。
❼甲本無「得」字，「棄」作「去」。
❽「甚」甲乙本作「者」。
❾「左」甲本作「右」。
❿「銳卒」甲本作「銳兵」。

⑪「江豁」乙本作「江濶」。又「同梅」甲本並作「桐海」，下倣此。
⑫「江」字據甲本補。又甲本無「後」字。
⑬「二人長詑」據甲乙本補。
⑭「諸郡縣」甲本無，又甲本此處有「已」字。
⑮甲本無「至」字。
⑯「去」甲本作「棄」。
⑰「遣人」據甲乙本補。
⑱甲本「選徒進出」作「選往出攻」，下無「收」字。
⑲「引」甲本作「出」。
⑳「住軍」甲本作「駐蹕」，又下一「令」字乙本作「命」。
㉑「打」甲乙本作「撥」。
㉒「追急」乙本作「急追」。
㉓「伏兵齊起」據甲乙本補。
㉔「殺至」甲本作「殺來」。
㉕「己見」甲本作「忽見」，「飛出」乙本作「飛來」。
㉖「脱」乙本作「出」，「李左將」原作「李右將」，據上文及第七回改。
㉗「因」字據甲乙本補。
㉘「叫」甲本作「喚」。
㉙「師」字據甲乙本補。

30「次」甲乙本作「伏」。

31「出走」乙本作「而走」，甲本作「走出」。

32「趨」字乙本作「趕」，又甲本下無「季犖走」三字。

33「入」乙本作「出」。

34「擧」甲本作「起」。

35「兩」字原作「西」，據甲乙本改。

36「撫巡」甲乙本作「巡撫」。

37「何得」甲乙本無「得」字，又甲本「何」作「安」。

38「曰」字據甲乙本補。

39「和」乙本作「與」。

40「了不見一物」據甲乙本補。

41「利」字據甲乙本補。

42「來」字甲本作「外」。

43「房」甲本作「宮」。

44「從何」原作「何從」，據甲乙本改。

45「赴」原作「趨」，據甲乙本改。

45「已」字據甲乙本補。又甲本無「諸將」，「坐列」乙本作「列坐」。

47「捉」原作「促」，據甲乙本改。

48「勢」甲乙本作「彼」。

㊾甲本缺「劉儁曰」至此共三十六字。

㊿「出」甲本作「去」，「必」乙本作「卽」。

51「且聽下文分解」乙本作「且看下文便見」。

第二十回

木丸江胡折二將　悶海口明覆三軍

却說張輔沐晟聽計，留黃福陳洽等與黎兄弟守城。

丙戌開大元年，（明永樂五年）春正月甲寅，起兵望籌江進發。此時籌江守將乃平寇將軍陳承，因春旦佳時❶，賞筵盛舉，城郭不防，軍士懈怠，不意張輔卒至，承引兵來攻，輔令呂毅出戰。二將鬥至三百合，不分勝負。輔密遣沐晟抄出陳後夾擊，軍士大敗，承撥❷馬走，輔晟麾兵❸趨殺，克籌江柵，承走至萬劫江，輔驅兵大進，至普賴江，斬首三萬，屍橫遍野，血流成河。承只得❹單騎至盤灘江，盤灘❺守將乃謀略將軍胡杜，見承敗回❻，即將兵馬布成陣法，二人五馬陣前，以候迎敵。倏然呂毅引兵追至，見陳承已立于馬上，呂毅叫曰：「犬賊敗走，猶敢抗拒天兵！」承罵曰：「汝用詐謀，奪吾城柵❼，汝回喚輔晟來納下首領，不然，則噍類無遺！」呂毅笑曰：「犬賊失脚，尚敢大言！」自麾軍大戰，二人將呂毅圍住，毅左衝右突，力戰二將，後道輔晟進來，見毅被圍❽，分兵襲擊，陳承胡杜大敗遁走，又克盤灘江。輔等入城，安撫百姓畢，進次魯江。陳承胡杜收得殘卒❾，走至木丸江，中郎將阮子仁，參將黃世岡謂曰：「二公留于帳中宴息❿。」二將曰：「某等被北兵⓫用計奪了二屯，甚於痛恨，敢請將軍三千，前來恢復，殺此逆賊！」阮子仁曰：「二公新敗，不可出師。」杜、承固請，黃世岡曰：「既如此，某已整頓船隻，得五百艘，二將督水道軍拒敵，步道某等自當之。」承杜聽令出去。（已替仁岡得以不死，是亦天幸。）時張輔乘勢追⑫至木丸江，見水陸兩屯甚是齊整，傳令分兵為四道：沐晟拒水軍，勿使登岸，王通在左，黃中在右，自居中發號交戰。阮子仁提刀出來，輔令朱廣出戰，兩邊戰至五十合，背後黃世岡閃出護戰，輔再遣蔡福亦出助戰⑬，四馬交鋒，戰無數合，輔見仁岡精神加倍，密遣王通黃中搜出左右，二將得令⑭，驅兵趨入。王通卒至，望子仁一刺，落于馬下；右邊黃中張弓⑮望世岡一射，穿中眼孔，翻身落下，被軍士所殺，斬首百餘人，胡兵潰亂遁走⑯。陳承胡杜欲舉兵上救，反被沐晟殺退，二人便將一萬人下舟斬繩順流⑰，走膠水去⑱。輔克木丸江，駐兵，遣人探聽數目⑲，哨馬回報：「賊兵屯聚閩海口，季犛漢蒼亦居在此，其勢甚重。」張輔恃其累勝，曰：「我到處則無敵，何怕其重！」卽驅兵窮追，至膠水，先遣人飛報諸海口，令水軍⑳都督柳昇來會。柳昇得令，督諸道水兵進上，與輔相遇于興江，遂合兵進往。時季犛棄西都，走出海外，遇漢蒼，於是㉑父子君臣聚兵于閩海口，存五六萬人。諜得張輔進至，聚群臣議曰：「今賊乘勝遠鬥，勢如破竹，公卿以為何策退敵？」柱國季獵對曰：「此間雖是海濱，而松楸芩鬱，可以伏兵，候㉒賊至殺之，必然全勝。」季犛許允，命陳承伏于南詔㉓寨，胡杜伏于霞爛柵，以拒賊之步兵；又遣參將尹直、阮和，以小舟藏兵，伏于兩岸泥草中㉔，季獵自督大舟橫江拒敵。諸將去訖，張輔分軍左右並進，柳昇乘舟而來，季犛命范見覽將數十小舟前來誘敵。張輔望見，麾水師㉕促戰，范見覽且戰且退㉖，罵曰：「鼠輩亦來㉗討死乎！」柳昇血性起，大怒，驅軍㉘急擊。張輔觀步道無有㉙一人，放心進至；忽聞㉚一聲砲響，左邊胡杜殺來，輔不意，眩目望草木，疑是胡兵，望後便走。（苻堅當八公山之時，亦不外是㉛。）胡杜趨來，刺死指揮姜炳。（可謝黃世岡木丸江之禮㉜。）右邊陳承殺起，沐晟大驚，聞海外波濤，如千萬車馬之行聲㉝，奪路便㉞走，（亦如秦兵聞風聲鶴淚之時。）督戰薛石被陳承所殺。（可謝阮子仁之禮矣㉟。）柳昇在江中，不幸潮水盡降，舟膠不得進㊱，左則尹直，右則阮和，皆推舟殺出，砲發㊲如雨下，槊刺如蓬生，柳昇棄舟跳入水中躍走㊳，士卒死者三萬餘，水爲不流，（亦可謝普賴山之禮㊴。）季獵得勝返回。漢蒼曰：「胡不追之？」對曰：「賊雖一敗，兵將尚多，盡力追之，恐中奸計，（乘敗而進，其有何計？）莫若回兵修理戰具，然後進征未遲。」漢蒼曰：「戰具如何？」季獵對㊵曰：「彼今戰船者多，我不有計禦之，難於取勝，宜盡取沿海漁船，以一㊶千餘作棧，載木立柵，弓弩伏于中，鎗槊立于外，以防迎拒㊷。（以備火攻。）漢蒼曰：「行兵之事，隨便爲之。」季獵領旨㊸出去。正是：

先施得計能成績， 後逞奇謀以立功。

未知此事如何，且聽下回分解㊹。

【校勘記】

❶「佳時」甲本作「時來」。

❷「撥」甲本作「抄」。

❸「兵」甲本作「軍」。

❹甲乙本無「只得」二字。

❺「盤灘」二字甲乙本無。

❻「回」字據甲乙本補。

❼「柵」字甲本作「郭」。

❽「殺」字上乙本有「呂」，「圍」甲乙本作「困」。

❾「卒」甲本作「軍」。
❿「留于帳中宴息」甲本作「留帳下宴息」。
⓫「兵」甲乙本作「寇」。
⓬甲本無「乘勢」二字，「追」作「進」。
⓭「亦出助戰」甲本作「出助」。
⓮甲本無「得令」二字。
⓯「張弓」二字據甲乙本補。
⓰甲本無「人」、「潰」、「遁」字。
⓱「斬繩順流」甲乙本作「斷絕上流」。
⓲「去」下乙本有「了」。
⓳「目」字據乙本補。
⓴「令水軍」，甲本作「命水師」，乙本作「令水師」。
㉑「於是」據乙本補。
㉒「候」甲本作「侯」。又「季獵」甲乙本作「季臘」，下同。
㉓「南詔」原作「南趙」，據甲乙本改。
㉔甲本「尹直」作「尹進」，「藏兵」作「發兵」，「泥草」作「泥芋」。又下「大舟」作「大船」。
㉕「水師」甲乙本作「水軍」。
㉖「且戰且退」甲乙本作「且戰且走」。

㉗甲本無「來」字。

㉘「驅軍」甲本作「驅兵」。

㉙甲本無「有」字。

㉚「聞」甲本作「見」，乙本作「然」。

㉛甲本作「符堅在八公山草木，想亦如此」，乙本無「山」字，餘同底本。

㉜「禮」甲本作「死」，乙本無此雙行註。

㉝甲本作「如千車萬馬之聲」。

㉞「便」甲本作「而」，又甲本無此下雙行註。

㉟「禮矣」甲本作「死」。

㊱「降」乙本作「落」。又甲本無「得」字。

㊲「發」甲本作「出」。

㊳甲本「棄」上有「遂」，「走」作「去」。

㊴甲本作「可謝普顇之神」，乙本無「山」字，餘同底本。

㊵「對」字據甲乙本補。

㊶甲本「漁船」作「漁舟」，無「以一」二字。

㊷「拒」乙本作「敵」字。

㊸「領旨」甲本作「意欲」。

㊹「事」甲本作「去」，「回」甲乙本作「文」。

中集二十回❶

第二十一回

善用火胡氏鏖兵　利得雨季犛失御

却說張輔敗走至葛江，分兵❷屯駐，遣使回東都請黎兄弟赴營議事；使至，黎利密問黎善曰：「張總兵累勝，何必請我❸？」善曰：「狃於小勝，不有防閑，必致大敗，故來召我耳。」利曰：「行止如何？」善曰：「不行，彼必謂我爲怯❹，不如行之，今年擒季犛父子必矣。」兄弟應承，盡拔寨起兵進程❺，不二日，至葛江；北軍見之，喜曰：「黎軍❻師已至。」輔等出門迎接，入帳中，命酒相待。（傘圓屯善迎張輔，葛江屯輔迎黎善，前後遙遙相對。）❼輔以前日敗軍敍了❽。善曰：「不一敗不可以大勝，俟某細作如何，然後商議。」酒畢。輔命取小舟裝作漁舟❾，致善出去，利亦出外屯駐。柳昇❿曰：「何等小人，總兵尊重如此？」輔曰：「黎利兄弟起兵協我破賊。」昇曰：「怎敢稱師稱將？」輔曰：「爾自爾，我自我，若不縱自尊稱⓫，安能服得安南衆庶？」昇曰：「南蠻草寇，亦不過狐假虎威，某視之如⓬腐鼠耳，（劉儁以黎善爲伊呂，柳昇以黎善爲狐鼠，正是黃犢不知輕老虎。）不足掛齒。」言了，拂衣而去。且說黎善⓭乘小舟放至胡寨前觀看，良久，早有胡軍知之，回告⑭曰：「匪黨窺我虛寔。」季獵⑮大怒，命出追之。善見寨中旗動，令水手回棹⑯，幸得春風起急，帆舉如飛，胡軍追之不上。善回至帳中，告張輔曰：「此賊以計破之。」輔曰：「計將安出？」善曰：「某若明言，柳將軍必不信伏（柳昇之心，善已破矣。）則事不成，將軍自遣之。」遂附耳從頭絕尾⑰說盡。輔大喜，會諸將傳令曰：「柳都督率水師舟艦往鹹子關洄曲處⑱，此是蘆葦梅荻，可以泊舟⑲，偃旗息鼓，靜候俟賊放進⑳，然後放舟截後夾擊。王通引三千兵至時富柵後埋伏，朱廣以三千兵渡江，伏于監綠寨後兩邊，望見江中火起，出兵擊賊步道。黃中呂毅撥取三百餘船，內積柴草，灌以油蠟硫磺，往興江口住劄，賊至，縱火焚舟放下後，引兵順流下擊。吳班㉑率五百人以二十小舟前往誘敵，誘至上流，合與黃呂二將護戰。」吳班得令，引舟師放下，會有胡軍諜得，走回南寨告急。季獵入奏曰：「今我㉒戰具已完，賊兵又至，請陛下早降明旨。」漢蒼曰：「卿整兵擊之，務獲全勝，早報捷音，以㉓副朕望。（使朕先走㉔）季獵拜㉕命，遣胡杜阮和將一萬兵由江道左邊敵北步道，陳承尹直將一萬兵由右江陸道進迎㉖，自與尚書范見覽居水屯。於是水陸並進，遇吳班于橫江中，見覽曰：「大將出征，汝不㉗下來首級？」吳班橫刀立于船頭言曰：「汝回告季犛父子來，可堪對手，至如汝等鼠輩㉘，不足我當。」季獵聞言大怒，麾軍督戰㉙，旗劍連天，棹楫震水。吳班且戰且走，至葛江屯，善告張輔拔寨奔走。季獵望見，麾兵㉚左右追趨，棧船連結互十餘里，陸兵遍地而來。至富良江，黃中縱火燒舟放下，火起風生，風隨水順，疾如流星，燒遍棧船，照得天心與水面通紅。下遣柳昇由鹹子關㉛放舟截後夾擊；左邊胡杜阮和引兵來救，被朱廣從後㉜殺出，右邊陳承尹直整旅救來㉝，適遇王通隨後衝殺，兩邊趨殺，胡軍皆背水，焦頭爛額，斬獲數萬人，屍壅盈江㉞，血流赤水㉟，季獵見覽㊱捨死取一小舟，登岸逃走㊲，輔回軍追至悶海口。此時季犛父子覘得兵敗㊳，僅以小舟遁走義安；

尚書范見覽出降，輔安撫百姓畢。四月，率將佐與黎兄弟分道追趨，至義安涇鵲口，季犛收拾殘卒與民兵，得㊴三四萬，分屯各處。張輔請黎善由陸道，黎利與沐晟由水道，各進兵。沐晟謂黎利曰：「公本南人，諳曉地勢㊵，宜督舟先行，某隨後進。」利欣然應諾，率師由涇鵲直入㊶。時季犛駐茶龍江，命將士縫囊盛沙，壅㊷上流，再遣將佐分兵由兩伴江道埋伏；復令季獵整頓舟艦㊸，候于㊹江中拒戰。却說黎善先是㊺遣人哨探，知胡兵分道㊻由茶龍江而下，善疑之，喚崇光鄧敦告曰：「汝以五千人㊼往涇鵲東岸巡捕，觀事㊽虛寔如何回報。」二人去了。此時黎利引舟師至青河分，自然水涸，舟膠不得前，令軍士下江推捉，忽見一聲砲響，左右喊聲鼓噪，衝殺趨來。利遣段莽范柳分兵拒敵㊾，二人戰至良久，鏢箭俱盡，不能得脫；上流胡兵放數十小舟下殺，矢如飛蝗㊿。㊿利回顧後道(51)不得上，呼曰：「命必窮矣。」車三閃出言曰：「明公勿憂，臣請當之。」言了，向前迎戰。胡兵水陸三面交攻(52)，車三以劍揮拂，箭紛紛落水如雨。利失驚，仰天祝曰：「利(53)本為民討賊，被困於此，伏望皇天后土，救此生靈。」祝畢，天(54)雨如注，水漲數尺。將士喜曰：「天贊助我也。」揮棹進行。時人有詩贊云：

江上龍爭蛟鬥時，紛紛戈甲滿天飛。
雷車若匪神鞭力(55)，不特周時靡孑遺(56)。

胡兵戀戰不捨，明兵後道直上，朱廣躍于岸上，搜涇鵲西邊，遇胡將阮和沿江與車三交戰，廣望後殺至，刺死阮和于山坎間，驅兵(57)大戰。却說崇光鄧敦至涇鵲東岸，見范柳與尹直(58)交戰江邊，敦提刀殺入，將尹直斬為兩段，殺散胡兵；於是黎利得解，水陸並進。

五月甲戌(59)，張輔率軍夾江東西，直至茶龍江，柳昇舟師亦至，殺敗胡黨，獲船三(60)百艘，季犛等棄城遁走，黎明協力追戰(61)，至奇羅海口；胡屢困敗，諸軍大潰。

乙卯，柳昇領永定衞卒王柴胡等七人，訊得季犛在山中，驅兵格之，生獲其子季澄，縛送升車。次日，土人武如卿獲漢蒼及太子芮、將相王侯、上柱國黎季獵等，皆縛獻軍門㊷。丁巳，胡氏悉平。正是：

七年王伯成何事，一帶山河總是空。

未知胡平如何，且聽下文㊸分解。

【校勘記】

❶五字據甲本補。

❷「兵」字據甲乙本補。

❸「請我」乙本作「問我」。

❹乙本「必」作「郎」，甲本此句作「彼謂我怯」。

❺「進程」甲本作「登程」。

❻「軍」原作「君」，據甲乙本改。

❼乙本無「張」、「黎」、「前後」等字，甲本則無「葛江」至「前後」諸文。

❽「了」乙本作「之」。

❾「舟」甲乙本作「船」。

❿甲本無「柳」字，乙本「昇」字下有問。

⓫「尊稱」乙本作「稱尊」。

⓬甲本無「如」字。

⑬「黎善」甲本作「黎利」

⑭「回告」乙本作「回報」，甲本無「告」字。

⑮「季獮」甲本作「季犛」。

⑯「水手回棹」甲本作「手下回棹」。

⑰「從頭絕尾」甲本作「從頭至尾」，乙本作「將從頭徹尾」。

⑱甲本「率水師」作「出水軍」，無「關」字。又乙本「艦」作「船」。

⑲「舟」甲本作「船」。

⑳「進過」乙本作「放過」。

㉑「班」甲本作「旺」，下同。

㉒甲乙本無「我」字。

㉓甲本「以」作「早」，「早」作「以」。乙本無「早報捷音」一句。

㉔「使朕先走」甲本作「朕使先望」。

㉕「拜」乙本作「得」。

㉖自「由」字下至此甲本作「由左江陸道進圍」。又乙本「步道」作「步軍」，「陸道」作「陸路」。

㉗「不」字甲本作「早」。

㉘此句甲本作「汝鼠輩」。

㉙「督戰」甲乙本作「交戰」。

㉚「麾兵」甲乙本作「揮軍」。

㉛「下道」甲本作「下遣」。「關」甲乙本作「澗」。

㉜「從後」據甲本補。

㉝「救來」甲乙本作「來救」。

㉞「屍壅盈江」甲本作「屍塞江盈」。

㉟「赤水」甲本作「水赤」。

㊱「見覽」原作「范覽」，據上下文義改。

㊲「逃走」甲本作「遁走」。

㊳「軍敗」甲本作「兵敗」，又下甲乙本無「僅以小舟」四字。

㊴「民兵」乙本作「民卒」，「得」甲本作「共」。

㊵「地勢」甲本作「地理」。

㊶甲本「應諾」作「許諾」，「率軍」作「率師」。無「直」字。

㊷「壅」字下甲本有「塞」。

㊸甲本「復令」作「後令」。「舟艦」作「船艦」。

㊹「于」字據甲本補。

㊺「是」字據甲乙本補。

㊻「分道」據甲乙本補。

㊼甲本「五千人」作「五十兵」，乙本「敦」字作「廓」，無「汝」字，「人」作「兵」。

㊽甲本無「事」字。

㊾「拒敵」甲本作「拒戰」。

㊿「飛蝗」甲本作「飛星」。

51「後道」甲本作「左邊」。

52「水陸」甲本作「水步」。「交攻」乙本作「夾攻」。

53「利」字甲本作「我」。

54「天」甲乙本作「大」。

55此句甲本作「雷車靡藉神仙力」，乙本「鞭」作「仙」。

56「子遺」原作「了遺」，據甲乙本改。

57「驅兵」原作「驅車」，據甲本改。

58案甲乙本二人乙倒。

59「甲戌」乙本作「甲申」，甲本作「早時」。

60甲本無「三」字。

61「追戰」甲乙本作「進勦」。

62甲本無「門」字。

63乙本「下文」作「下回」。

第二十二回

據安南張輔獻圖　平交趾明祖行賞❶

却說張輔盡獲胡氏，平定安南❷，揚揚自得，意決❸吞幷，遣人盡南國地圖；凡山河❹、城郭、郡縣、州府、戶口、畜產、器械、糧船，寔得數千，訂成一本執照後，遣諸將分行各處撫諭❺，與黎兄弟振旅還東都，設宴賞功❻。黎利曰：「南國偏方，奸臣僭竊，天朝不棄，命將出征，逆黨成擒，萬家相慶，請立陳氏❼以帖民心。」輔曰：「今日賀功，姑且飲酒。」言了出外，密遣人誘❽百姓請立郡縣。及至宴罷，見帳外三四耆老伏地叫曰：「陳氏不存，乞設都護，如漢唐故事。」輔曰：「民心如此，諸將如彼❾，曷若奏捷回朝，獻俘聞命，此時立與不立，方可定議。❿」利辭回本營，與諸將言曰：「明將欲占割其地矣⓫。」范旦曰：「請盡斬群寇，尊立明公，鎮安社稷。豈可屈此無賴之衆乎？」善曰：「諸公差矣，我國本是中朝臣子⓬，姑待彼聞命如何，然後有辭可執矣。」諸將乃解。此時陳簡定陳季擴見明將不欲復陳，自逃去。張輔命草露布，遣柳昇等檻送季犛等回北京。時成祖聞得⓭捷音，會文武群臣于奉天門受之，命兵部左侍郎方賓讀露布，至「弑主簒國，僭號紀元」，乃問季犛曰：「爲人臣之道，有如是乎！」季犛不能對。詔以季犛及漢蒼下獄；赦其子澄、孫芮等⓮。後季犛釋自獄，戍廣西，其子蒼澄，以善兵器，赦而用之。再勅往安南報張輔還朝⓯。命沐晟劉儁黃福看交趾有懷才抱德之人，悉心訪求，送京師擢用⑯。

丁亥年（明永樂六年）春三月，張輔回自交趾，上安南地圖，其地東西相距一千七百六十里，南北相距二千八百里，復奏安南本中國地，陳氏子孫盡無可繼，其國中父老百姓俱請為郡縣，如中國制；臣請置交趾布政按察二使司、都指揮司⑰、分十七府，曰交州、江北、諒江、三江、建平、新安、建昌、奉化、清化、宣化、太原、鎮蠻、諒山、新平、義安、順化、升華，四十七州⑱，一百五十七縣，衞十一、所三、市舶司一、改雞陵關為鎮蠻⑲關，建設官民大小⑳衙門共四百七十二處，又安撫人民，得三百二十萬戶，獲蠻人得二百八萬七千五百，糧儲一千三百六十萬石，象馬牛十三萬五千九百，船八千七百，軍器二千五十三萬九千（如此等物，可惜！可惜！）疏奏，成祖允旨（成祖昧矣，故後生無數戰場㉑），嘉勞之，賜宴於中軍都督府旗，軍人賜鈔五錠㉒。秋七月，成祖問戶部尚書夏原吉曰：「陞與賞孰優？」對曰：「賞費於一時，有限；陞費於後日，無窮。多陞不如重賞。」成祖從之，進封新城侯張輔為英國公，西平侯㉓沐晟為黔國公，李彬陳旭各增祿五百石，王友進封清遠侯，（應封為破面公。）都督柳昇封㉔為安遠伯，戰死都督高士文贈封建平侯，姜炳薛石封都督僉事，並許子孫世襲，親擒季犛軍校王柴胡擢指揮使，從者李福等四人封指揮僉事㉕，安南黎利擢為交趾巡檢，（皇帝署巡檢耶？）黎石為指揮僉事，黎善為知府㉖，欽為知州，范旦為同知州，又用交趾所舉明經士人甘潤祖等十一人為諒江等府同知，贈故安南國王後陳氏子孫七人，贈故官裴伯耆為交趾按察副使，惟陞元功，其餘班賚有差。復勅尚書黃福兼掌交趾㉗布按二司事，又以侍郎張顯尊為左布政使，都督呂毅掌都司事，府縣各選舉畢，遣使奉詔勅往安南封諸功臣。正是：

一天雨露霑恩易，　萬里關河去路難。

未知使往如何，且聽下文便見㉘。

【校勘記】

❶「明祖」乙本作「成祖」，甲本作「黎祖」。
❷甲乙本無「盡」字，又甲本無「定」字。
❸「意決」甲本作「決意」。
❹「山河」甲本作「江山」。
❺「分行各處撫諭」乙本「諭」作「誘」，甲本作「分行慰諭」。
❻甲本無「振旅」及「宴」字。
❼「氏」甲乙本作「後」。
❽「客遣人誘」甲本作「密使諭」。
❾「彼」字甲乙本作「何」。
❿甲本「聞命」作「傳命」。「定議」作「議定」。
⓫甲本無「言」、「割」字。
⓬甲本無「是」字，「朝」作「興」。
⓭甲本無「得」字。
⓮「赦」甲乙本作「放」，「芮」原作「呙」，據甲乙本改。
⓯甲本無「朝」字。
⓰「送京師」甲乙本「送」下有「還」，又甲本無「師」字。

⑰甲乙本無「都指揮司」。

⑱甲本「交州」作「交趾」，「宣化」作「宣光」。

⑲「蠻」字甲乙本作「彝」。

⑳「官民大小」四字據甲乙本補。

㉑註文甲本無「成祖」及「故」字。

㉒「錠」字原作「綻」，據甲乙本改。

㉓「西平侯」甲乙本作「平西侯」。

㉔「封」字據甲乙本補。

㉕自「並許子孫」下至此三句據甲乙本補。

㉖「黎」字據甲本補。

㉗「交趾」字據甲乙本補。

㉘「下文便見」甲本作「下回分解」，乙本作「下文分解」，下不煩註。

第二十三回

扶正統黎利尋主　奮中興簡定爲王

却說明使奉詔勅往安南，黃福奉命錄飭諸州縣，催促大小官僚赴任。黎利對衆將言曰：「我今❶討賊復陳，不意弄出一場傀儡，簡定不知下落？」黎善曰：「弟已使人探聽，居于知化州，我兄弟佯爲就蒞，潛回知化州，別圖後計。」二人商議停當，見段發從外來謁，問安畢，言曰：「某聞明將固意占據山河❷，分官割治，故不分夜雨❸而來，願爲明公一敍。」利曰：「先生何敍？」發曰：「請屏退左右。」利曰：「左右亦是一心，何必疑訝。」發曰：「爲今之計，盡殺胡❹將，尊明公爲主，（且欲殺北寇，發亦欲盡殺明將，明將幾臥不安枕。）保治方民，然後分兵扼諸險要，彼來擊之，豈有我山河忍置彼安然自在？」黎利曰：「先生始至，何以陷我于不義之地❺乎？我豈生禽犢其心，奪陳氏天下耶！」發曰：「陳氏不在，何❻得而求，安有抱符而斃？」善曰：「先生勿憂，暫且回傘圓，拔寨往化州先去，後某來議。」段發會意辭去❼。明日，利入辭黃福，請赴任，福執利手言曰：「不想如是，這係天子詔命，請諸公勿訝。（何不一奏諫之，不過貪心耳❽。）黎利佯應曰：「諾。」回本營打發諸將先行，自隨後發。至都門外，將印勅封粘，懸于樑上，詐告門吏曰：「黃尚書令汝更守這❾官物，三日內無人來認，便將回納，愼勿有差。」（欲緩追兵耳。）告畢❿，兄弟投知化州尋簡定去了。（先者簡定尋利，此則利尋簡定，君臣相遇，自古所難⓫。）却說陳簡定乃陳藝宗之子，季擴簡定之姪，二公懼⑫季犛，逃于絕域，聞明將舉兵討賊，始回投與⑬黎利。胡氏告終，明將占據士宇，二人南行，至長安州謨渡，遇陳肇基，復避于知化州，見土豪鄧悉擁兵數萬，保守郡縣，簡定以事說之，鄧悉降，及黎兄弟引兵來，軍勢甚盛，欲議興兵。黎善曰：「天下不可一日無君，昔光武寇亂未除，猶先雒都定鼎，請即⑭尊位，以慰民心，然後起兵⑮可也。」諸將依議，尊簡定爲安南國王，紀元興慶，以鄧悉爲丞相，黎利爲金吾大將軍，潘季祐爲少保，陳原樽⑯爲少傅，阮山潘經爲左右正參將，阮景異（阮景眞之子⑰）陳原卿爲左右副參將，陳希葛⑱阮師檜爲征寇將軍，阮宴潘抵爲監門衞將，鄧汝戲胡具澄爲翼⑲衞將軍，鄧容（鄧悉子⑳）黎蕊爲前部先鋒，黎石爲都督，范友農文歷爲左右監察，范旦趙扈爲遊擊將軍，段發爲宣慰使司，又以黎善爲參贊軍務，段莽阮世美督運兵糧，其餘大小將佐，各陞擢畢㉑。

興慶元年秋八月㉒壬午，起兵出攻鹹子關。時黃福在東都，一夜五邊書告急，福聚衆將議曰：「某知前日黎利兄弟爲禍不淺，今封勑掛章，投于㉓簡定造反。」參政劉昱曰：「某請引兵擊之。」黃福乃一面奏請益兵，一面差劉昱將㉔兵禦敵。昱引兵至鹹子關，布成陣勢，按馬橫鎗，立于陣前，命開關門㉕，向前叫曰：「汝簡定背叛朝廷，萌心扇亂㉖，大將到此，何不早降？」鄧悉遣阮山出戰，山提刀飛來，言曰：「鼠輩狼心，謀占我境，天子親征，不惟汝等就誅，永樂父子，立隨授首。」劉昱大怒，舉鎗來戰，阮山舞刀相迎，兩馬交鋒，不三合，斬劉昱於馬下（大將早降了）。」鄧悉麾兵㉗趨殺，克鹹子關。於是分兵攻打諸郡縣，此時民心久思陳氏，盡皆響應，郡縣復告急東都，黃福喚呂毅囑曰㉘：「賊今勢盛，當避其銳氣，公以一萬精兵前往生厥江（一名逋姑，今望瀛縣），分道屯駐，塞諸險要，愼勿交攻，俟朝廷兵至，然後出擊。」呂毅領兵進去，正是：

雲遠㉙桂龍飛四野，星馳鐵騎鎖重關。

未知進去㉚如何，且聽下文分解。

【校勘記】

❶甲乙本無「言」字，「今」作「本」。
❷此句甲本作「我聞明朝占據山河」，乙本作「某聞明朝故意占據山河」。
❸「夜雨」甲乙本作「雨夜」。
❹胡「胡」甲乙本作「明」。
❺甲本無「之地」二字。
❻甲本無「在」「何」二字。
❼「會意辭去」甲本作「回去」。
❽甲本無「一」「之」二字，乙本「不遇」作「徒遇」。
❾甲乙本無「這」字。
❿「告畢」二字乙本無，甲本作「分付畢」。
⓫「自古所難」甲本作「為難」，乙本作「自古為難」。
⓬「二公惧」甲本作「二人恐」。
⓭「回投興」甲本作「報」。
⓮甲乙本「卽」字下有「正」。
⓯甲本無「起兵」二字。

⑯「祐」甲本作「裕」。「原」甲本作「元」，底本作「厚」，今正作「原」，下同。

⑰雙行註據乙本補，甲本作「景異、真之子」。

⑱「葛」字甲本作「亮」。

⑲「翼」甲本作「豎」，乙本作「翊」。

⑳雙行註原在「黎蕊」下，甲本無，據乙本移此。

㉑「擢畢」甲本作「擢有差」。

㉒「壬午」據甲乙本補。

㉓「投于」甲乙本作「投歸」。

㉔「将」甲本作「遣」。

㉕「關」字原作「軍」，據甲乙本改。

㉖「扇亂」甲本作「稱亂」。

㉗「兵」甲乙本作「軍」。

㉘「喚呂毅囑曰」，乙本作「囑呂毅曰」。

㉙「遶」原作「擾」，據甲乙本改。

㉚「進去」甲本作「呂毅去」。

第二十四回

下戰書呂毅恃雄　運奇計黎善決勝❶

却說呂毅引兵至生厥江，分道將各險阻防截，陳王引軍至，命鄧悉攻之，呂毅堅守不出。鄧悉遣軍士百般辱罵，毅坐城上亦令騎卒大罵（南北會一場口戰），至夕而回。來日，悉又遣士卒逼近江邊，裸身打罵，自馬上督兵痛罵❷，呂毅大恨，張弓射中鄧悉右背，翻身落下，士卒救起將回，所被箭頭有毒藥，於是權且駐師調治。時成祖見黃福奏請益兵，特命黔國公沐晟發雲南、貴州、四川兵數萬進征，指揮盧旺驃騎將軍劉翁出隨行，（若無二人，後日沐晟必死。）仍命兵部尚書劉儁往贊軍務。

十二月，沐晟進兵❸至生厥江。呂毅出接，晟問曰：「曾與賊交兵否？」毅對曰：「黃尚書令堅守以待天兵。」晟曰：「令人下戰書，來日渡兵擊之。」（來日死之）毅作書，遣人下書❹曰：

大將軍呂毅致書于僞之簡定等。夫行兵之道，宜識天時，制敵之機，要觀人事。苟力能相角，整旅來攻；如勢莫可當，束手就縛，庶免罷勞師旅，塗炭生靈欽此❺。

使奉書投南寨來，陳王見之大怒，曰：「狂寇欺朕太甚！」命推❻使斬之。參贊黎善曰：「寇敵之言，善惡何須介意。若斬小使，是❼汚吾刀，俟斬呂毅，方足為快。且前彼不敢出，令復下書來，意必沐晟將兵往救矣。」命取文房筆墨批于書面曰：「來日決戰。」打發回使❽，陳王曰：「寇塞諸道堅⑨，何計能克？」善曰：「路若碁盤，豈能盡絕。臣請來日斬明將之頭，致于麾下⑩。」陳王欣然曰：「果如此，凡軍機事務，卿宜加心調度。（若果信如此，陳氏不致散亡。⑪）善領命出，會諸將授計，景異等不悅。此時丞相箭瘡未愈，聞得景異不聽黎善授計，乃扶病而出曰：「君命切勿可違，黎參贊若有遣我，我亦不強。」異等乃止。善曰：「左副將阮景異將三百人往上道⑫撥舟渡江，此處有磊江一帶壁立江邊，以雲梯由舟附山而上，內有小路，披草而行，尋至生厥⑬右邊埋伏。（不悅者先遣就危險處，愈加不悅矣。）景異曰：「賊勢強大，公許我三百人，何以拒敵！若公欲殺我，便殺耳。」善曰：「兵不貴多，存乎其人而已。某若益之，難於隱伏，公且行，見生厥空城襲之，不勞一卒，勿有⑭誤。」景異埋怨而行。復喚右副將軍陳原卿告曰：「公引三百人，由下道渡江，此處有一簇平林，古木交加，覆于江上，以繩懸索，串魚而登搜出生厥右邊埋伏⑮，亦如景異。」「陳⑯希葛阮師檜往上流，以竹籬木板，將水上壅絕，聞明兵人鬧馬嘶，拔上流⑰籬板，放舟下擊。」「阮宴潘抵往下流整備船隻，候江邊拯救人馬，收拾衣甲。」「范旦趙扈以五百民兵至江前排陣，賊來交戰，宜輸不宜贏，放賊過，分兵左右靜伏，候賊敗回，出兵擊之。」「鄧容⑱黎蕊引兵伏于中道，誘賊至後屯，散去，見火光，復將⑲兵出擊。」「阮山潘經駐後屯，將乾柴枯草，灌以引火之物，積于兩旁，見賊至，縱火焚之，然後分兵掩殺。」諸將聽命去訖。

却說明使下戰書回，沐晟見賊批決戰，問曰：「何人來日敢出？」劉溍出曰：「某願往。」盧旺亦曰：「某請往戰。」呂毅曰：「某久駐于此，圖立寸功，乞先行，斬蠻寇之頭，以顯共績。（善欲斬明將之頭，卒成大事，毅欲斬蠻寇之頭，卒致損身⑳。）沐晟許允，傳軍中五更造飯，平明起兵。至期，聞鼓動三通，砲連數㉑響，呂毅麾軍直渡，見范旦立于陣上，叫曰：「呂寇來納下首領麼？」毅望南軍不齊不整，便不打話，舉刀來戰，鬥三四合，旦敗走，毅趨至背後，趙扈挺兵直上，言曰：「呂犬不怕死乎？大將軍在此。」呂毅激怒㉒，提刀來戰，鬥六七合，扈望後便走。北寨沐晟知兵勢連勝，見江水盡涸，便㉓不放下浮橋，空城麾兵盡渡。呂毅回顧大軍已進，放心趨殺，至中途，見一聲砲響，鄧容黎蕊閃出，叫曰：「汝不怕二大將乎？」毅曰：「旦扈鼠竄耳，汝何爲者？」容曰：「旦扈無名下將，若我你敢拒㉔耶，速來討死！」呂毅血性起，舞刀衝殺，二將且戰且走，徐至後屯，毅罵曰：「大言兒胡不死了。」蕊回顧，言曰：「汝敢至此？」毅趨至屯邊，不見一人，駐馬便看，忽然兩邊火起，風急火盛，焚盡四圍。毅失驚便走，左邊阮山殺來，右邊潘經殺來，毅冒煙衝火，殺開一條血路，出走至中途，鄧容黎蕊殺出，此時人馬困乏㉕，被鄧容一刺落死，後軍沐晟劉儁見呂毅敗死，退走，却被范旦趙扈引兵㉖截住後路，沐晟冒死殺出得脫，劉儁文臣，走之不上，被范旦一箭射死。於是山經容蕊四將引兵趨來，北兵走至江邊，人勞叫鬧，馬倦嘶鳴，上流陳希葛、阮師檜聞見，拔起籬板，水漲大至，二人乘數十小舟，如流星放下截擊㉗，北兵溺死，棄甲曳戈，塞滿水面。下流阮宴播抵督舟上來，拾救人馬器械無算。沐晟幸得先走㉘，過北岸來，欲入城，見城上並是南兵旗號，景異原卿立于城頭，叫曰：「我奉天子命取城了，汝急來受縛。」言了，張弓射下，中沐晟左㉙脛，（可謝鄧悉之禮，然悉死而晟不死，亦有幸有不幸㉚。）晟翻身墜馬，原卿奪劍下城衝殺，被翁出盧㉛旺救起；沐晟格退原卿，走回東都，四萬人只存五百而已。陳王承㉜勝麾軍盡渡，克生厥江，自進兵福祿㉝縣。忽有小官入奏丞相鄧悉病卒，陳王放聲大哭，傳令駐軍，士卒盡哀。正是：

一旅奮威誅逆賊，三軍灑淚泣忠賢。

未知駐軍如何？且聽下文便見。

【校勘記】

❶「運奇計」甲本作「逞奇謀」。
❷甲本無「鄧」「百般」字句。又自「毅坐城上」至此，底本以「辱罵」脫文一行，據甲乙本補。
❸「進兵」甲本作「率師進」。
❹甲本「渡兵」作「渡江」。「遣人下書」作「令人下戰書」。
❺甲乙本無「欽此」二字。
❻「推」原作「摧」，據甲乙本改。
❼甲本「小使」作「其使」，「是」作「徒」。
❽「決」原作「次」，據甲乙本改。「回使」甲本作「來使」。
❾「堅」甲本作「守堅」，乙本作「堅守」。
❿「致于麾下」甲本作「獻於帳下」。
⓫雙行註甲本作「若果信用，陳何致亡」。
⓬甲本無「往上道」三字。
⓭「生厥」下甲本有「江」字。
⓮「有」甲乙本作「可」。
⓯甲本無「串魚而登」、「右邊」。又「亦如景異」作雙行註。
⓰「陳」厚作「阬」，據上文及甲本改。
⓱「流」字據甲本補。

⑱「鄮容」原作「卿鎔」，依上文及甲本改。
⑲「將」據甲乙本補。
⑳「卒致損身」甲本作「卒以損身」其下並多「言同事果」。
㉑「連數」甲本作「聲連」。
㉒「呂毅激怒」甲本作「毅怒」。
㉓「便」原作「更」，據甲乙本改。
㉔「拒」甲本作「趨」。
㉕六字甲本作「人困馬乏」。
㉖「引兵」二字據甲乙本補。
㉗「截擊」甲本作「截殺」。
㉘「幸得先走」甲本作「幸得脫，先是」。
㉙「左」甲本作「右」。
㉚「而」字據甲乙本補。
㉛「盧」字原作「劉」，據甲乙本改。
㉜「承」甲乙本作「乘」，按書中二字多通用。
㉝「福祿」原作「祿福」，據下回及甲本改。

第二十五回

鄧公歸殯感三軍　陳王西巡煩百姓

却說鄧悉恭儉慈仁，敬禮賢士❶，優恤孤寡，和順民人❷，見明將分治州郡，自糾集民兵保守境內，盜賊屏息，陳氏中興，拜爲丞相❸，起兵出征，病卒于軍中。陳王聞之，放聲大哭曰：「天何奪鄧公之速耶？」命駐師于福祿州。

十二月，令軍中❹發喪設祭，王親臨奠，哭甚哀，軍士皆涕泣。陳王命城中樹一白旛，外建白旗，將鄧悉回化州安殯❺。軍中作歌挽之曰：

英雄處世，君子見幾。秋天風起（八月起兵），冬日雲飛（十一月卒）。恨❻冬今而有感，驚秋昔而增悲。秋冬甫殺將無奈，人生一去何時歸！已而已而，非夫人之為慟而誰！

時人❼有詩吊云：

戎場萬里幾艱關❽，　翌主經營不暫閑。
王業未成人已去，　三軍拭目淚汍瀾。

將士將殯啓行，老撾軍人聞之，皆嘆惜❾，宣慰使❿刁綠遣媳婦載糧米牽牛羊歸賻無數。時萬象國遣使來貢象數群，於是安南沿海諸郡縣聞風擧皆率服⓫。陳王得意，稍有荒怠，阮景異善窺上意，投其所好，陳王寵之，拜爲相國。欲議興兵，景異奏曰：「我朝新喪丞相，士卒傷心，未可遽動。且明朝將佐，徒是庸才，我今有馬象五萬，一舉即平，何憂不濟！」（大言之甚。）陳王聞之，自是景異專權用事，驕肆益生。早有東都細作諜得虛寔回報，此時黃福因生厥覆軍折將，沐晟且又⑫被箭傷，臥病未起（前鄧悉臥病，此沐晟臥病⑬。），幸得南朝新喪鄧悉，未有動兵，仍此遣兵防備，各處堅守（黃福從兵前後，一言敝之曰守。），以事奏聞。

戊子二年（明永樂七年）春正月，陳王宴群臣於中軍，言曰：「朕聞五嶺諸州，有千歲狐精，多方作祟，擾害黎民，朕欲起駕西巡，先者獵校諸妖，後則柴望方岳，以懷柔百神（前者季犛聞千歲梧桐化鬼，逞南巡而幸崔嵬，此則簡定聞千歲狐精，縱西幸而望方岳，前後遙遙相對。），卿等以爲何如？」相國阮景異對曰：「陛下爲天地神民之主，興思及此，正是山河社稷之福也。」陳王從之，群臣切諫不聽。金吾黎利、參贊黎善上疏諫曰：「臣聞萬邦作乂，虞后巡方；百姓阜成，周王時邁。我國家承胡氏鴟張之後，繼明臣鼠竊之秋⑭，戶口散亡，閭閻凋弊。陛下奮少康之旅，光履瑤圖；揮宣王之戈，克復舊物；正宜宵衣旰食，夙寐晨興，羅兎罝之賢，網羅北寇；弋冥鴻之士，駕馭南邦；社稷垂休，天下幸甚。何事荒禽逸獸，攄夏康周穆之盤遊；告望焚柴，效漢武秦皇之放蕩？尋常寸楮，伏望監臨。」疏奏，陳王以告景異，時景異惡黎兄弟忠直多謀，恐置之則己不得逞志，（景異犬人也。）啓奏曰：「夏諺云：『吾王不遊，吾何以休？吾王不豫，吾何以助？』今陛下奮跡中興，近則歸心「遠則納款，天下莫不引領而望，天子出遊，省方觀風，以壯山河之勢，而黎氏兄弟以夏商秦漢亡國之君目其君，意必有希望在其中矣。」陳王大怒曰：「彼昔從北寇通謀，今反萌心專弄，（不從北寇通謀，安有今日。）斬之便了。」廷臣進諫曰：「黎公兄弟忠君愛國，守義盡誠，伏望霽威，少寬萬一。」景異曰：「遏天子乘輿，非省斂省耕之義；望人君覆轍，失爲肱爲股之誠，忠君愛國，有如是乎？」少保潘季祐曰：「生厥之戰，非彼用謀，陛下安得至此，以功準過，伏望思之。」陳王曰：「既如此，待之以不死，即日詔下，削其兄弟徒黨官爵，廢為庶人，以勉⑮為臣之不忠者。」(以明為君之失國者。)詔下，兄弟三人入謝，其徒黨段發范旦等欣幸相告曰：「此行⑯何異龍得遊海，虎得歸山，雖班生之登仙，亦不為過⑰。」師弟童僕收拾行裝回去。時人有詩贊云：

一封直上抗龍顏，邦國存亡在此間。
治世龜蓍留紙上⑱，太平藥石寓毫端。
明君良宰箴規易，暗主忠臣啟悟難。
假使諫章能有用，基圖誰謂客江山。

陳王命景異分守屯隘，以季擴為首將⑲，起駕登程，旗旌遍⑳地，舟楫盈江，百姓逢迎，甚於煩苦。天之方暮，命泊舟于沱江次㉑，時四方㉒郡縣貢獻山珍，供頓品物，往來不息，前後相連㉓。詔三軍宴于江中，擂鼓一通，橋開㉔鐵鎖，樹合銀花，水面天心，舉皆一色。正是：

壓地樓臺春富貴，揭天歌鼓夜風流㉕。

未知此宴如何？且聽下文分解。

【校勘記】

❶甲乙本無「敬禮賢士」四字。
❷「民人」甲本作「仁民」，乙本作「人民」。
❸「丞相」，甲本作「大将」。
❹「軍中」甲乙本作「三軍」。

❺「安殯」甲乙本作「安葬」。

❻「悵」甲本作「帳」。

❼「人」字據甲乙本補。

❽「艱」原作「間」，據甲本改。

❾此句甲本作「老撾軍民皆聞之嘆息」。

❿「宣慰使」甲本作「宣撫使」。

⓫「聞風舉皆率服」甲本作「聞聲率服」。

⓬「且又」原作「又且」，據甲乙本改。

⓭自此以下數段雙行註，甲本一併省略，似有刪註之嫌。

⓮「秋」甲本作「餘」。

⓯「勉」原作「免」，據甲乙本改。

⓰甲乙本無「此行」二字。

⓱「不為過」甲本作「不過是」。

⓲甲本「世」作「國」，乙本「龜著」作「著龜」。

⓳「首將」甲本作「首相」。

⓴「遍」字原作「過」，據甲乙本改。

㉑「次」字乙本作「津」。

㉒「四方」甲乙本作「四旁」。

㉓「相連」乙本作「相迎」。

㉔「開」原作「關」，據甲乙本改。

㉕「揭」字甲乙本作「喝」。

第二十六回

宴江中季擴遇妖　登臺上簡定禪位

却說陳王命三軍設宴，此時王御龍舟，釘于江中，季擴宿樓船，維于岸側。方二更初，見吏士入報❶：「有二道士，一稱爲袁秀❷才，一稱爲胡處士，請來相見。」季擴許入，自假意❸蒙被而臥。二人徐徐下舟，見季擴不起，遂拂衣❹出去，擴望之，儒冠道服，自非陸地神仙，必是風塵外物，遽起邀請，二人復就坐。季擴曰：「兩先生遠來，必有所教。」袁秀才曰：「某等先爲將軍❺優賢納士而來，後爲天子一解耳。」擴曰：「甚事可解？」袁秀才曰：「胡朝鹿失，陳主龍飛，蜂蟻之群，盡皆喜悅；鳥獸之物❻，莫不應和。惟黃尙書虎視於都中，沐右將狐潛於塞外，蛇踪旁午，鼠跡震驚，致使百姓鴈哀，四方魚爛，故某等脫身藪澤，遠❼跡林泉，勸上圖之，以救燃眉之急。」季擴見言語的是儒流俊雅❽，命酒相待，言曰：「今天子聞林中狐媚，幻化侵人，故大駕西巡，電擊群妖❾，以救民命。」胡處士曰❿：「豺狼當道，安問狐狸！北寇猖狂，南邦⓫擾亂，海鯨野狗，呑噬者多；社鼠⓬城狐，穿鑿不少。今天子乾五飛龍，坤三躍馬，師興熊虎，漢都揚光武之旗；旅奮貔貅⓭，唐京返肅宗之旆；出鹹子則劉昱授首，渡厥江則呂毅捐身；以如此之虎威，掃如彼之蟻附，賊無烏合，民獲雁安，若捨此而圖他，何異乎輕家雞而愛野鶩也⓮。首將向不爲上言之？」季擴見二人辭高氣壯，乃言曰：「某之失大⓯矣，來日請奏天子回鑾。」二人辭謝退出⑯。季擴送出船頭，望見躍上林邊，忽化為一狐一猿⑰而去。（前者季犛遇一女鬼，此則季擴遇兩男妖，而巡幸之事終於不果，前後遙遙相對。）季擴驚怒，欲來奏上窮伐山林，搜取惡獸⑱，不意天大⑲雨不止，師旅屯駐不得。陳王降旨還軍，憤志不遂，欲以天下授季擴，然後已自巡遊，歷覽山河，遍觀宇宙。軍回至福祿，群臣迎接入城，朝賀畢。陳王曰：「朕觀天下之勢，非雄才大略者不能，朕欲授季擴以大物，庶免康幾時勅，俾得培固貞元，卿等以為可乎？」景異對曰：「二帝與賢，三王與子，陳首將德義仁孝，聞於天下，陛下禪之以位，正堯舜之用心⑳也，有何不可？」時羣臣畏景異，不敢違㉑議，惟㉒唯唯而已。於是陳王命築室于城南（一名支羅），擇日禪位。

夏五月，群臣入奏，築臺已完，百物整肅，請陛下臨幸。陳王同季擴與文武百僚登授禪臺，焚香告祭畢。命少保潘季祐跪宣詔曰：

域中最大惟君，天下所主者宰。傳曰：「大德得位。」所係匪輕；經云：「歷數在躬。」非常可得。故天命歸于有德，民心懷于至仁，眷惟季擴，德義日新，仁孝時富㉓，群僚聞命，百姓歸心。夫舉賢遜位之求，惟朕㉔所願，而相帝綏民之責，捨汝其誰！汝終陟元后。

宣畢。季擴即奉詔即皇帝位于城南，國號大越，改元重光，尊陳王為太上皇，封賞諸功臣，百官文武朝賀，皆呼萬歲，然後頒布遠近，咸使聞知。時天下不忍棄陳氏，又見有唐虞揖遜之風，舉皆欣悅，相率而從者如歸市㉕。於是定議起兵，以中軍大將阮世美次鹹子關㉖，監門衞尉㉗潘抵次太平海口，威遠將軍阮師檜、右副參將陳原卿、監察將軍范友分道次東潮各處，阮山次西心江，潘經次愛子江，陳希葛次磊江，阮宴次牛鼻江，大小將帥，各率一萬精兵就各所屯駐。時有盤灘守將遣人細作，覘得消息，申報東都，請兵出戰。黃福曰：「賊久不見動靜，因軍中多事，今又起兵，其勢必大，勿可輕敵。」沐晟曰：「僞主初立，軍心未定，舉兵擊之，可獲全勝（可謂全敗。）。」仍下飭徐政起兵。正是：

只緣僞主當初立，　自逞貪心起戰鋒。

未知起兵如何？且聽下回分解。

【校勘記】

❶此句甲本作「方二三更忽見士夫入報」。

❷「秀」字原作「季」，據甲乙本改，下同。

❸「假衣」甲本作「假寐」。

❹「拂衣」乙本作「拔衣」。

❺「将軍」甲本作「首相」。

❻「物」甲本作「類」。

❼「遠」字甲本作「遁」。

❽「儒流俊雅」甲本作「儒雅」。

❾「群妖」甲乙本作「强妖」。

❿甲本作「狐處士對曰」。

⓫「邦」字原作「北」，據甲乙本改。

⓬「鼠」原作「虎」，據甲乙本改。

⓭「豼貅」原作「貅豼」，據乙本改。

⑭甲本作「何異乎斬家雞而愛野鶩者」。

⑮「大」甲本作「久」。

⑯「辭謝退出」甲本作「拜謝退去」。

⑰「猿」字原作「轅」，據甲乙本改。又此下有雙行註，甲本似已刪節，其後各回並同，不再煩註。

⑱甲本無此四字。

⑲甲本無「大」字。

⑳「用心」甲本作「同心」。

㉑「違」原作「建」，據甲乙本改。

㉒甲乙本無「惟」字。

㉓「時富」甲本作「日富」。

㉔「朕」甲本作「志」。

㉕此句甲本作「百姓相從者如歸市」。

㉖「關」原作「澗」，據甲乙本改。

㉗「監門衛尉」甲本作「監兵衛將」。

第二十七回

攻盤灘阮異用計　聽仲東徐政中謀

却說沐晟利陳皇初立❶，軍心未定，飭徐政擧兵攻之，政得令，犒師❷選將，定日出師。時有百姓知之，申報福祿，陳皇詔阮景異以兵五千攻盤灘❸，景異領命。

秋八月，異引兵起程至盤灘，見徐政軍勢雄猛，城郭堅固，異遣兵布立寨柵。來日分兵出外，排列陣勢，命取交几❹坐于陣前，手執龍鈎，上遮青傘❺，劍戟分陳，弓弩布定，令人喚盤灘守將答話。適見銅角一通，徐政引軍閃出，頭戴白銀盔，坐下赤兎馬，身披雙龍甲，手執丈八蛇矛，高聲叫曰：「汝不遵王化，前起叛心，烏合無賴之徒，狗盜有生之衆，謀圖❻不軌，罪莫勝誅，我奉皇威，龔❼行天罰，汝宜❽改過，歸主來降，守正去邪，聽其錄用。若執迷不悟，卽踏平城郭，一簇無遺，汝其聽命。」景異曰：「惟汝明國，君臣狼性，士卒獸心，奪我城池，侵我疆土。罄南山之竹，書罪無窮，竭北海之波，洗刑❾莫盡。我天子受天明命，拓地離方，揮金戈則海外謐寧，躍鐵馬則中原清晏，豈與汝等雞群狗輩，計較贏輸，螳臂❿鼠肝，分別利鈍！汝速按兵退去，棄寨還歸⓫，庶免骨積沙場，屍塡溝壑⓬。不然，則我提一隊倦卒，將汝國八百四十城奪了，此時玉石俱焚，悔之莫及。」（徐政景異一場口戰，聞之令人暢欣暢欣。）徐政大怒，拍馬來迎，景異舞刀出戰，兩邊鬥二百合，不分勝負。日暮⓭，各令點起燈燭夜戰，又鬥至無數合，成敗未分，忽然狂風大作，飛沙走石，諸軍亂竄，各回本陣（若天不風雨，則二人殺至天明。）。景異見一日夜戰，不得徐政，心生一計，喚偏將阮仲東問曰：「公敢來詐降爲內應否？」仲東曰：「胡爲不敢！請相國明指⑭。」異曰：「公引一百精兵來投徐政，誘彼夜來刼寨，我伏兵擊之，決然取勝。」仲東聽令⑮，平明，引軍投北寨來，吏士入告：「有賊來投。」此時徐政當⑯思刼寨之計，無人可使，忽有吏報，欣然謂曰：「試喚來⑰我問。」吏引仲東拜伏在地告求⑱。徐政曰：「汝從景異，今復投降，得無詐乎？（果然！果然！）」仲東曰：「某從陳主，戰陣有功，今被景異擅權，謀圖專國，鞭韃士卒，輕棄功臣，某若久留⑲，恐禍相及，故特來相投，希圖寸功耳。」徐政見言圖功，疑之，大怒，叱曰：「汝果詐降，推⑳出斬之！」武士牽出，仲東發聲大笑，政曰：「汝旣死，尙㉑何笑？」東曰：「我笑汝死已至矣㉒，而尙不知。」政曰：「我何爲㉓死？」東曰：「景異請黎善設謀，前日二陣不勝者，猶試汝戰如㉔何，不早晚，汝必死矣。」時徐政只畏黎善，見說善㉕至，驚曰：「善亦在此乎？」東曰：「斬便斬，又何必問？」徐政命將來㉖，謝曰：「某肉眼不識賢兄（果然肉眼）㉗，少罪少罪。」仲東就坐，政問曰：「何計破賊，願賢兄賜教。」東曰：「今夜引兵刼寨，某請內應，擒善異決㉘矣。」政曰：「果如此，事成，政保賢兄爲參議。」（兄賜一爵。）東曰：「某不貪榮利，擇主而事矣㉙，前日圖功，直戲之耳。」徐政命取酒相待，東飲了數杯，引軍回去，再囑曰：「將軍夜來，某舉火爲號。」政唯唯。東回至南寨，將事說了㉚，景異命戰將鄧皆㉛、參軍黃堅以二千兵出寨㉜兩旁設伏，二將去了；命仲東前去引㉝徐政，自引三千兵出去。却說徐政深信仲東，傳令軍中，人啣枚，馬去鈴，三更起兵，來刼南寨，將士依令。行至中途，遇仲東，政問曰：「兄回此如何？」東曰：「善異不防備，當在帳中吃酒，（請將軍至同吃。）將軍急行，某先回舉號。」政督軍直進至南寨，不見了仲東，又無一人保守，知是中計（知之晚矣）

將引兵退㉞，忽然見㉟火砲衝天，伏兵齊起，鄧㊱皆黃堅左右殺至，徐政提刀衝突，殺開㊲條路而出，背後鄧皆黃堅趨至㊳，北兵踩踏㊴，死者遍野。政走回至城邊，見㊵景異叫曰：「我已取城了，汝急來受縛。」政吃驚，循濠遁走㊶，黃堅卒至，舉刀斬徐政為兩段，克盤灘江。（景異前後用智，二如此，又何至敗。）平明，安撫黎庶。奏捷回朝。陳皇喜得盤灘，斬了徐政，大會群臣宴賀，忽㊷有哨馬回報：「明㊸將張輔舉兵來，不日至境。」正是：

朝中方喜戎功捷，　塞外還驚告急書。

未知告急如何，且聽下回分解。

【校勘記】

❶「立」甲本作「政」。

❷「犒師」甲本作「犒兵」。

❸此句甲本作「陳皇詔景異攻盤灘」，乙本作「陳皇以兵五千出攻盤灘」。

❹「交几」甲乙本作「交奇」。

❺「青傘」甲乙本作「青蓋」。

❻「圖」原作「國」，據甲乙本改。

❼「龔」字乙本同，甲本作「恭」。

❽「宜」字甲乙本作「知」。

❾「刑」甲本作「惡」。

❿「臂」原作「擘」，據甲乙本改。

⑪「還歸」甲本作「歸來」。
⑫「壍」字甲本作「洫」。
⑬「日暮」甲本作「及暮」。
⑭「指」原作「旨」，據甲乙本改。
⑮「聽令」甲乙本作「得令」。
⑯「當」甲本作「方」。
⑰「來」字據甲乙本補。
⑱「告求」甲本作「苦求」。
⑲「留」甲乙本作「居」。
⑳「推」原作「催」，據甲乙本改。
㉑「尚」字下甲乙本有「有」字。
㉒「死已至矣」乙本作「死已臨頭」。
㉓「為」字下甲乙本有「而」字。
㉔「戰」字下甲乙本有「鬥」。
㉕「只畏」甲本作「最畏」，又「善」字據甲乙本補。
㉖「將來」甲本作「解來」。
㉗四字據甲本補。
㉘「決」甲本作「必」。
㉙「事矣」甲本作「事之耳」，乙本作「事之矣」。

30 自「東回」以下至此，甲本無。

31 「戰將鄧皆」甲本作「將軍鄧偕」。

32 「寨」字下甲乙本有「外」字。

33 「引」字甲乙本作「誘」。

34 「退」字下甲乙本有「時」字。

35 「忽然見」甲乙本作「忽見」。

36 「鄧」字原作「鄭」，據甲乙本改，下同。

37 「開」字下甲、乙本有「一」。

38 「趨至」甲乙本作「趨來」。

39 「蹂踏」甲本作「雜踏」。

40 「邊」、「見」二字據甲乙本補。

41 「循濠遁走」原作「循濠而走」，據甲乙本改。

42 「忽」字原作「急」，據甲乙本改。

43 「明將」原作「張將」，據甲乙本改。

第二十八回

阮美失守鹹子關❶　潘抵被執太平屯

却說明成祖見黃福疏奏沐晟敗績❷于生厥江，折了許多將士，大怒，命英國公張輔爲總兵，清遠伯❸王友爲副元帥，（此時復得吃酒，笑曰好好。）率師二十萬往征之。勅曰：「沐晟出師失律，致賊猖獗，今聞鄧悉已死，而八百媳婦老撾猶供餉者何人，（照上回老撾載粮米歸賻。）賊云有象五萬，（照上回萬象貢象。）有謂我師❹皆易與，宜戒愼之，同心協力，早滅此賊。」時張輔聞得陳主不用黎兄弟，大喜，引軍進發。

冬十月，軍至交趾，南兵覘得告急，陳皇詔阮景異替人守盤灘，以得勝之兵往鹹子關屯守，與阮世美合勢。異得令，引兵至鹹子，會張輔聞❺徐政戰死，痛恨景異，即飛報沐晟舉兵會獵❻。此時沐晟病痊，可舉兵與輔進勦，二將至鹹子，分兵圍城攻打，軍皆讎殺❼，殺氣衝天。景異世美見勢❽抵敵不住，棄了鹹子❾，夜間開東門殺出，望太平海口遁去。潘抵見二人失守，走來接入寨中，商議曰：「賊勢浩大，此城若失，諸道傾危，請相國以五千兵住于文郁，整頓船隻，以禦水道；阮將軍以五千兵住于萬屯，以拒陸道；某住楊華柵以爲犄角之勢。若賊攻水道，則陸兵來救，攻步道，則水兵來迎，方可全保。」異美依計去了。時張輔覘得三將共❿會于此，輔盡取沿江⓫船隻，遵海而東⓬。入太平海口，幽夜分道襲擊，景異世美⓭出於不意，棄盡寨柵遁走，尋回福祿去了。（此時何不用計。）軍士背水溺死無算，輔晟斬首數千人，投于海口 合兵圍楊華。潘抵引兵出擊，殺至天明，士卒所存無幾，猶戀戰不捨，精神益壯⑭，輔見其人英勇，欲生致之，叫曰：「途已窮矣，何不受降？」潘抵曰：「除死方休，豈有降虜。」言了復戰。輔惜之，令軍中不可放箭，生擒而用。明將戰了多時，不能生得，輔遣朱廣出戰，以計擒之，朱廣上馬提刀趨來，鬥五六合，拖刀去走⑮，潘抵追上，廣取銅錐候近，一刺中潘抵右臂⑯，鎗落于地，明將奔來，潘抵空手拳打中三四人，然後被獲，解回寨中。張輔曰：「公若早降，何至受縛？」潘抵咬牙瞋目罵曰：「我陳家⑰臣子，豈降賊奴耶！速速斬之，不然，今日若降，來日復反。」輔欲買人情，自親解縛⑱，潘抵以手拳張輔目中⑲，幾乎墜眸，（張韶擊王友面上，至於流血，潘抵拳張輔，目中幾乎墜眸，一壺一手，一剛一柔，前後遙遙相對。）輔大怒，喝令推出斬之⑳，潘抵伸頸就戮。時人有詩弔云：

忠肝義膽對神明， 一萬嬰孤抗海鯨。
逆賊無顏施劍戟， 天將完節昇潘生。

輔斬潘抵訖，遣兵搜捕，得二百餘人，獲船四百餘，然後整兵追趨㉑景異等。時陳皇駐蹕福祿，見景異世美敗回，驚懼，與上皇計議，寫書遣使至張輔請降㉒。輔深恨殺了許多將佐，不聽，斷㉓使焚書，進兵至清化。陳皇聞得，引兵退入義安，上皇至演州屯駐，輔等悉力窮追，上皇孤軍不敢住，棄城取道走出美良㉔，遣人往牛鼻、磊江取陳希葛阮宴回救，二將得令，引兵回美良，入城拜謁，上皇曰：「賊兵追急，卿等有何計以拒之？」（只有得景異西巡可禦之。）阮宴對曰：「此城狹小，不可屯兵，莫若退入横林黎利舊屯住劄，方可保全。」上皇聽計，乃引兵入横林㉕，見城柵連絡㉖，內外整齊，命陳希葛屯于左，阮宴屯于右，自屯于㉗中。至夜清，聞城頭籌鼓、林裡鳥鳴㉘，乃潛步出外觀看，見千山暗淡，萬木蕭條，百物啁啾，三軍號嘆，忽動故鄉之想，乍增新敗之愁，淚眼潸潸，愁腸斷斷，乃返屯中少息，遽然而寐，見一人鬚眉皓㉙白，立于門外，吟曰：「馬走入美良，龍飛升吉利；兩鼠隱竹間，三熊歸椹裏。」陳上皇欲出延㉚問，忽然㉛驚覺，㉜會諸將辨解，皆不知所以。正是：

征淚淒涼心萬里，戰魂夢寐月三更。

未知此夢如何，且聽下文分解。

【校勘記】

❶「關」原作「澗」，乙本同，依上文及甲本改，下同。

❷「績」甲本作「兵」。

❸「伯」字甲本作「侯」。

❹「我師」甲乙本作「我將帥」。

❺「聞」字下甲乙本有「得」。

❻「會獵」乙本作「會勦」。

❼「鏖殺」乙本作「鏖戰」，甲本作「殊戰」。

❽甲本無「見勢」二字。

❾「鹹子」甲本作「太平」。

❿「共」甲本作「兵」。

⓫「江」原作「邊」，據甲本改。

⑫「東」甲乙本作「來」。

⑬「於」字據甲乙本補。

⑭「益壯」乙本作「倍加」。

⑮「拖刀去走」甲本作「詐敗而走」。

⑯甲本無「潘」，乙本作「一剌正中右臂」。

⑰「家」甲本作「朝」。

⑱甲本二句作「輔欲買個人情，親解其縛。」。

⑲「目中」二字據乙本補。

⑳原作「喝催出斬之」，據甲乙本改。

㉑「趨」甲本作「赴」。

㉒「降」原作「封」，甲本同，今從乙本作「降」。

㉓「斷」乙本作「斬」。

㉔「走出美良」甲本作「去至富良」。

㉕甲本因「横林」二字跳脫一行，共二十字，可以考見其所用底本之行款。

㉖甲本作「見賊柵連路」。

㉗甲乙本「于」字作「居」。

㉘甲本作「鳴禽」。

㉙「皓」甲乙本作「班」。

㉚甲本作「巡」。

㉛「然」原作「見」，據甲乙本改。

㉜「乃」字據甲乙本補。

第二十九回

入橫林張輔被困　走吉利簡定成擒

却說上皇得一夢，命諸將解之不出，直至平明，遣人探聽張輔消息。時張輔追至演州，不見上皇，輔令人覘得走出美良，輔分命沐晟從磊江南而上，朱榮抵牛鼻關而出，自引兵追至❶美良，不見動靜，即喚土人盤問，土人曰：「陳上皇聞大兵追至，棄城走入橫林❷去了。」輔驅兵趨入，見一簇舊屯，四方八面，有門有戶，依然八門陣法，無人居守，疑之，問嚮道官曰：「是何屯寨，空棄無人？」嚮道對曰：「昔黎利兄弟引兵駐此，禦破胡軍，今棄了，不知下落。」張輔曰：「用兵如此法度，此人不可久留，吾必除之，以絕後患。」（恐除不得，反至大患。）言畢，自引兵入觀看❸。忽見一聲砲響，左邊陳希葛殺來，右邊阮宴殺來，中央❹上皇殺出，將張輔困在核心，鼓噪似雷鳴，矢發如雨下（若遇智者，輔必擒矣。），殺得北兵屍積盈溪❺，血流滿地。❻張輔衝突，身被數箭，幾乎至死，忽然前面沐晟引兵殺入，後面朱榮驅軍殺至，兩面夾攻，殺得南兵三斷五截，東投西竄，死者無數（一往一來，禮無不答。）救出張輔，上皇尋路遁走。輔曰：「諸公焉得早來救我？」晟曰：「某從磊江進上，幸得無人防守，故得驟至。」朱榮亦曰：「榮引兵抵牛鼻關，疑有伏兵，令人細作❼，純是空曠，督兵直進至此，見總兵被困，殺入救之。」輔曰：「若非諸公，今日休矣。」遂以箭傷指示將士，將士憤激。張輔切齒曰：「誓殺此賊，諸公悉力追之。」於是合兵❽

追趨，時上皇折盡士卒❾，背後明兵又追急❿，失驚，棄馬走入吉利山。輔分兵四索，上皇投入深谷中，朱榮卒至，上皇措手不及，被朱榮拳打三四次，然後縛住。沐晟搜得威遠將軍陳希葛、監衞將軍阮宴等，共縛送回，同⓫居一檻，此正合夢中所見，馬走美良，龍升吉利，吉利者，吉利山也。子年十一月爲子月，是爲西鼠，竹間爲簡字，簡定。與⓬陳希葛阮宴爲三熊，同居一檻，是爲⓭歸椹裏也。張輔命送京師，後上皇伏誅，希葛阮宴得釋，二人不肯見上皇遇害，各自刎而死，成祖憐之，使以棺槨葬于城北。時人有詩吊云：

城北纍纍兩渺茫，君臣相遇莫相忘。
百年義合山河固，千載名留日月長。
窺哭野猿悲晝白，聽哀山鳥怕昏黃。
行人掛劍今何在，獨對乾坤俎豆香。

張輔捉了陳上皇，欲傳檄進兵追陳帝⓮，忽有黃福公文飛報⓯：「賊黨猖獗東潮州，將舉兵入東都，請總兵速⓰回禦敵。」張輔聚諸⓱將議曰：「某⓲欲窮追蠻寇，今賊黨⓳在外稱亂，不可不除，若麾兵遠涉，賊逼東都，則南國不可保，宜返回勦除賊黨，然後再追，不然，則未纔出戶，便使亡家，不可也。」諸將聽令，拔寨⓴回去。正是：

西討欲將傳檄去，東征忽已㉑告書來。

未知回去如何？且聽下文分解。

【校勘記】

❶「追至」甲本作「進出」。

❷甲本作「橫山」。
❸甲本作「自引兵直入親看」。
❹「央」字據乙本補。
❺「屍積盈溪」乙本作「屍橫遍野」。
❻「滿地」乙本作「成渠」。
❼「細作」乙本作「探聽」。
❽乙本「兵」字下有「遙遲」。
❾「士卒」甲本作「將士」。
❿「明兵又追急」甲本作「明人追急」，乙本作「明軍又來追急」。
⓫「回同」二字據甲乙本補。
⓬甲本無「簡定與」三字。
⓭甲本無「是與」二字。
⓮「陳帝」甲本作「東都」二字。
⓯「有」甲本作「見」，「公文飛報」乙本作「書到說報」。
⓰「速」字據甲乙本補。
⓱「聚諸」甲乙本作「會衆」。
⓲「某」字乙本作「我」。
⓳「賊黨」甲乙本作「逆黨」。
⑳「寨」原作「兵」，據甲乙本改。

㉑「已」乙本作「有」。

第三十回

築京觀張輔肆虐　上表書陳帝詐降

却說阮師檜、陳原卿、范友次潮州，探得張輔連破鹹子、太平，乘勝追上皇至義安。三人會共議事，范友曰：「今張輔遠追主上，東都必然空虛，我宜舉兵攻之，以分其勢，豈有鑾輿播越，而獨守孤城，臣子之心，豈應如是。」原卿曰：「此言❶正合吾意，我等一心救駕，雖死不辭。」師檜曰：「將軍未進兵，何說出不吉❷？」友曰：「丈夫事主，血戰沙場，當以馬革囊屍爲幸，何怕乎死？」檜見二人忠憤，定辛巳日起兵。檜分兵爲五道，建五色旗，舉號三聲，引軍❸進發，忽❹一陣旋風將原卿范友旗中吹折，師檜疑之，欲令息兵，二將不肯聽，進軍前行❺。近至魯江，時魯江守將江浩諜得，一面差人❻告急東都，一面閉城門堅守。師檜軍至，令人喚江浩出降，浩恃城堅，自登敵樓上叫曰：「汝主已爲檻中之犬，猶且不知，而又諜人城郭乎？」卿痛恨，喝兵攻打，四面夾擊。爲城堅固，攻打❼五日不下，范友心生一計❽，令人清夜掘坎穿入城中❾，引兵自內起出，江浩不意，聞兵起，提刀上馬❿出門，撞遇范友，兩邊⓫交鋒，不二合，友斬江浩，落於馬下⓬，開放四門，外軍直入，衝殺明衆⓭不可勝數。平明，安撫⓮百姓，欲起兵向東都，忽有哨馬回報：「北寇張輔引軍⓯彌山遍野而來。」三人出外布列陣勢，以候迎敵⓰。張輔卒至，聞江浩已死，大怒，麾軍交戰，殺氣衝天，三人兵寡，抵敵不住，退走⓱；輔等乘勢大進，追至東潮州，師檜勢逼⑱，回馬與朱榮交戰，鬥四五合，背後王通趨來，師檜敗走。榮通⑲追殺，斬首五千餘⑳級。原卿挺鎗直來，刺中張輔左股，輔帶傷強閃出過㉑，不幸原卿馬跌前脚㉒，墜于坎中，朱榮卒來活捉㉓。沐晟追范友至山旁，友輪刀復戰㉔，晟張弓射中坐馬，馬帶箭嘶鳴亂走，范友墜下，被北兵生擒，幷得其黨二千餘，張輔深恨，命悉坑之，築尸爲京觀。自此而後，愁雲慘霧，常常從此而出㉕。時人有詩嘆云：

寂寂邊塵一古丘，淒涼草樹織成愁。
天荒地老形猶在，易觸征人血淚流。

張輔破了東潮，上書奏捷。明成祖見張輔生擒僞主，連破賊城，勞苦久居交趾，下詔召輔回朝㉖，輔上表請留沐晟鎮之。

己丑，重光元年（明永樂八年）春二月，輔振旅回，囑沐晟曰：「陳季擴已在目中，不足深慮，惟黎兄弟請諸公圖之㉗，勿留後患。」（恐圖不得，反爲大患。㉘）囑了告別。忽有人回報：「陳季擴往靈長㉙海口，四出勦掠，甚於猖獗。」黃福請沐晟擊之，晟將四萬精兵進至，已見布立陣法㉚，左邊陳原樽，手執長鎗，坐下烏騌馬，右邊阮景異，手提寶劍，坐下白華騮，陳帝坐鑾車居中，青羅傘蓋，旌旗環列，前後齊整。沐晟亦排陣定，出前叫曰：「汝簡定已爲無頭之鬼，汝宜面縛來降，不失封侯之位，不然，天兵到此，粉骨碎屍。㉛」異曰：「我來爲上皇報讎，決然斬汝，汝宜納下首級來，不然，則㉜盡爲靈海魚之糲飯耳。」晟怒起㉝，揮軍衝殺。兩邊戈戟㉞叢交，鼓鉦㉟競響，戰至日暮，南軍困倦，忽然窈冥晝晦，風雨大作，（景異與徐政交攻，狂風大作，陳王與沐晟交戰，風雨晦冥，天意可謂一怪，何敢乎？）南軍回南，北軍回北去了。胡具澄曰：「北兵勢大，不可爭鋒，莫若退回㊱義安，別圖良策。」陳帝依議，清夜拔寨退去。平明，北兵覺之，疑爲用計，不敢追趨，亦引軍返回。陳帝還至義安，會群臣議曰：「今㊲賊勢益驕，卿等以爲何如？㊳」胡具澄曰：「爲今之計㊴，上表詐降，以緩師期，養威畜銳，再圖後舉。」朝臣皆曰：「此計甚善。」帝允旨，令修表㊵，命胡彥臣㊶往使。黃福以事奏聞，明成祖遣方政奉詔往安南諭許㊷季擴爲交趾右布政使，又以其將佐陳原樽爲參政，潘季祐爲按察副㊸使，胡具澄、鄧容、阮景異爲都指揮。

冬十二月，方政至義安，此時陳帝與群臣假意執禮甚卑，方政自恃天使，且有怠慢之意。黎蕊自外而入，厲聲叱曰：「汝輕南國無人乎？我主堂堂天子，豈有屈身受汝主小爵乎？宜速去，不然，則汚吾劍口。」政曰：「我是天朝大使，汝主小臣，鞠躬致敬，猶且未稱。」言未了，黎蕊叱曰：「如此則稱。」即以手紐其㊹頭髮痛拳，方政叫曰：「諸公救我。」（不敢！不敢！我國小臣安敢救公。㊺）胡具澄等來勸解，方政抱頭鼠竄而去。正是：

只惟穆穆南天子，　豈是區區北小臣。

未知此去如何，且聽下文分解。

【校勘記】

❶「此言」二字據乙本補。
❷「何說出不吉」乙本作「何出此不利之言」。
❸「軍」甲本作「兵」，乙本「軍」字下有「迤遲」。
❹「忽」字原作「見」，據甲乙本改。
❺「進軍前行」乙本作「前軍進發」。

❻「一面差人」原作「差人一面」，據甲乙本改。
❼「固攻打」三字據乙本補。
❽「心生一計」四字據乙本補。
❾「人」乙本作「軍士」。「掘坎穿入」甲本作「填穿窟」。
❿「上馬」二字據乙本補。
⓫「兩邊」乙本作「便與」。
⓬「落」字據甲乙本補。又「馬」字原作「門」，甲本同，以文義不順，據乙本改。
⓭「明衆」甲本作「明兵」，乙本作「北兵」。
⓮「撫」下甲本有「城中」二字。
⓯甲本無「張輔引軍」四字。
⓰「以候迎敵」四字乙本作「以待來軍」。
⓱「退走」甲本作「還走」，乙本作「望後便走」。
⓲「勢逼」甲本作「勢窮」，乙本作「勢窮力孤」。
⓳「榮通」原作「榮友」，乙本作「朱王」，今據甲本改。
⓴「餘」字據甲乙本補。
㉑「强閃出過」甲本作「强過」，乙本作「强閃過」。
㉒「脚」甲本作「蹄」字。
㉓「捉」原作「促」，甲本作「捉元卿」，今據改。
㉔「復戰」乙本作「回馬來」。

㉕「出」原作「去」，據甲乙本改。

㉖「朔」字據甲乙本補。

㉗此句甲本作「惟黎兄弟圖之」，乙本作「惟黎利兄弟宜圖之」。

㉘八字雙行註據乙本補。

㉙「靈長」原作「長安」依乙本及下文改。

㉚「布立陣法」，甲本作「布成陣法」，乙本作「陣勢已布」。

㉛甲乙本作「碎骨粉屍」。

㉜甲乙本「則」字下有「汝輩」。

㉝「怒起」原作「起怒」，據甲乙本改。

㉞「戟」原作「掉」，據甲乙本改。

㉟「鉦」字原作「響」，據甲乙本改。

㊱「回」字據甲乙本補。

㊲「今」字據甲乙本補。

㊳「卿等」一句據甲乙本補。

㊴甲乙本無此四字。

㊵甲乙本「修表」作「勑令」。

㊶「胡彥臣」甲本作「胡彥風」，乙本作「胡彥風」。

㊷「許」字據甲乙本補。

㊸「副」字據甲乙本補。

㊹「其」字據甲乙本補。

㊺甲乙本雙行註「公」字下尚有「是大明天使耶」。

第三十一回

黎蕊得利慈廉縣　韓觀折糧西心江

却說黎蕊打方政，諸人救解，政抱頭回去。（美面哉天使。）陳帝曰：「此事汝得干休？」黎蕊曰：「諸將尚強，三軍既振，臣請奉將天威，以一千壯士將諸郡奪歸陛下。」陳帝壯之，勅黎蕊爲征北將軍，引兵攻交趾；復命阮朔胡具澄攻九眞州，阮景異攻月常江；再以潘季祐爲水師都督，鄧汝戲爲副都督，率舟師沿海直抵神符海口，取道進攻東都。

庚寅二年（明永樂九年）春正月❶，諸將領命引兵前去，黎蕊率一千輕騎，分爲前後左右四隊，中建一黃旗，內書欽差征北大將軍黎，入朝拜謝，望交趾進發❷，凡所經之處，秋毫無犯。郡縣❸守令望見旗上書黎將軍，疑爲黎利兄弟用兵，擧皆畏懼，盡棄城郭遁去，黎蕊所向克獲❹，直進至慈廉縣。此時軍士傳言黎善行兵如從天下，九眞月常諸將戰慄，引兵開城遁走❺，（目前見影皆疑，不待陣後可覺。）胡具澄景異等所❻至不勞戰鬥，叉手得城。時東都黃福見諸將狼狽而歸言曰：「黎善用兵❼，分道攻打城池，某等抵敵不住，逃生而回。」黃福嘆曰：「昔黎兄弟被譴還家，喜得軍中安枕，今❽復召用，我之將士，食憂飲慮，正在此時，諸公勿辭勞苦，凡邊外州郡，失之便了，至如環近城郭，宜加❾謹守，以俟朝兵（是惟守耳。），勿可疏虞，東都若失，我軍無葬地矣。」（將亦無葬地矣。）此時沐晟亦畏黎善聲勢，不敢議興兵，依黃福之計，分兵❿把守諸城。黃福發驛疏奏，明⑪成祖復命張輔往安南，會征夷將軍沐晟討交趾寇。勅四川、廣西、江西、湖廣、雲南、貴州六都司安慶等增撥精兵二萬四千隨征。輔領命。

秋七月，兵至華櫛關，聞黎善參軍，自按兵屯駐，不敢進戰⑫。近至⑬閱月，諜得陳將非黎善，乃是黎蕊，即下令起兵，半夜傳發，夜行晝止，時阮朔胡具澄⑭等見北兵堅守不敢出，自懈怠不防，忽然張輔大至，阮朔胡具澄棄九眞退走，張輔得勝回兵，攻月常江，景異戰不利，敗走。輔得二城，復⑮率舟師渡江，逼慈廉下寨，黎蕊引兵出城⑯布陣，輔知此城孤軍，密令安慶等將三千人搜至城後埋伏，係見賊與官軍交戰，襲城取之。安慶去了，張輔鳴鼓張旗向蕊陣，黎蕊立陣門，喚明將打話，輔不答，麾軍衝殺，蕊提刀來迎，兩馬交鋒，鬥無數合，不分勝負，忽小卒叫曰：「城中火起！」蕊失驚回顧，朱廣從左邊趨來，斬黎蕊于馬下，南軍走散⑰。輔克慈廉縣，福安諸州皆平，輔仍命北朝謫官分各州縣撫治。

冬十二月，輔還東都不題。却說先是都督潘季祐等率舟師往神符海口，探得中官馬騏鎭守此屯，其人貪猾，季祐與汝戲商議，詐作商船，遣兵士偃旗息鼓，持刀斧伏于舟中，先命一利口人⑱將珍寶上呈，後自徐徐進入。馬騏⑲欣喜，盡收禮物，告曰：「你出報商主，維舟我檢。」其人出報。季祐命泛舟泊近門前，舉連珠砲，伏兵齊起，躍上岸來，擁入城內，馬騏失驚⑳，盡棄士卒，登後城躍出遁走。（不知珍寶有帶得去否？若馬騏得死，則後日不生翠羽牙扇。）季祐生獲北兵無數，命解下軍色器械斥去。二將得了海屯，進兵向東都，時黃福已差兵㉑防截各關隘，攻之不下，自退兵回海口住札，汝戲令取船一百艘，出海巡哨。

辛卯三年（明永樂十年）春三月，明將鎭守交趾，韓觀運廣東糧米赴安南給軍食。汝戲諜得，與諸小將議曰：「善用兵者，資糧於敵，汝等盡以前日所得北兵軍色服著，整頓兵器舟楫，詐稱護糧，侯至刼之，彼必無糧，自然退去。」諸將聽計，撐船望東進去，適遇韓觀于西㉒心江，韓觀高叫曰：「何處兵士，截住官軍？」汝戲令降卒立在船頭答曰：「奉張總兵將令，特來護糧。」韓觀望見一團艦船，盡是北兵服色，不疑，放心直往，至近南船，汝戲舉旗一招，南兵盡躍北船來，斬殺北兵無數，韓觀投于江中，幸得善水性躍走，南軍追捉不得，汝戲得糧萬餘石，留諸將屯西心江，自駛回神符，遣人運入義安需用。此時韓觀失了許多糧米，逃回東都叫苦，張輔責曰：「你行軍半生，不知虛寔，致失軍折米，置你何用！」令推出斬之㉓，黃福固爭，乃止。輔曰：「賊刼我糧，留在何處？」（食已消了。）觀曰：「此時某投水逃生，不知何置。」輔即令人密㉔探，久之，探子回報：「現㉕今賊將潘季祐鄧汝戲住㉖在神符海口，遣小將守西心江，其勢糧食必在神符堡。」張輔下令盡起大兵，（巡之晚矣。）日夜兼程。

秋八月，直抵神符堡，潘鄧二將引兵來迎，輔麾軍交戰，喝曰：「回顧者斬！」於是將士畏懼，盡力衝殺，汝戲抵敵不住，撥馬便走，背後程寬趨來，橫槊一刺，中馬足，馬蹶落下，被擒。潘季祐亦敗走，遁入可雷山㉗乞降，輔承制以季祐仍㉘按察副使，理義安。（照前成祖所封。）輔乘勝進至西心江，南兵戰敗亂走，輔進㉙克二城，始知無糧，自引兵回東都。正是㉚：

不怕海邊戈甲動，只憂江上癸庚呼。

未知此回㉛如何？且聽下回分解。

【校勘記】

❶「春正月」據甲乙本補。

❷「拜謝」乙本作「謝恩畢」。又「望交趾進發」乙本作「引兵望交趾迤邐進發」。

❸「郡縣」二字據甲乙本補。

❹「所」原作「一」，據甲乙本改。又「獲」甲本作「捷」。

❺「走」原作「至」，據甲乙本改。

❻「所」字據甲乙本補。

❼「用兵」甲本作「引兵」。

❽「今」字下甲本有「則彼」，乙本有「見彼」二字。

❾「加」字下原有「心」字，據甲乙本刪。

❿「分兵」下甲乙本有「緊閉」二字。

⓫「明」原作「胡」，據甲乙本改。

⓬「戰」據甲乙本補。

⓭「至」字據甲乙本補。

⓮「胡具澄」甲本作「阮景異」。

⓯「復」字甲本作「復尋」，乙本作「尋復」。

⓰「引兵出城」甲本作「去城引兵」。

⓱「走散」乙本作「大敗而走」。

⓲「一利口人」乙本作「辯舌一人」。

⓳乙本「騏」字下有「見其財貨」。

⓴「失驚」乙本作「大懼」。

㉑「兵」字據甲乙本補。

㉒「西」字原作「山」，依上下文及乙本改。

㉓「推」字原作「催」，據甲本改。又乙本此句作「喝刀斧手推出斬之」。

㉔「密」字乙本作「哨」字。

㉕「久之探子回報」乙本作「回報說」。又「現」原作「硯」，據甲本改。

㉖「住」原作「往」，據甲乙本改。

㉗「雷山」甲本作「留江」。

㉘「仍」乙本作「為」。

㉙「進」甲乙本作「連」。

㉚「正是」二字據甲乙本補。

㉛「此回」二字乙本作「張輔還軍東都」。

第三十二回

逞驕兵張輔敗績　討強虜黎利成功

　却說張輔引兵❶回東都，將鄧汝戲斬訖，會諸將議曰：「蠻寇陳季擴如網中之兔，一舉便獲，黎利兄弟如林中之虎，咬噬不常，若不誅之❷，必成國家之腹疾❸。」黃福曰：「彼兄弟足智多謀，非等閒可得，我若逼之，彼必來投季擴，（豈有其事。）羽翼已成，難以卒破。」輔曰：「季擴棄❹而不用，安得相投，某令引兵擒之。（恐擒不得。）然後順道追殺季擴，正卞莊之刺虎也。」福曰：「此人靜而處之，亦不失爲我良民，俟滅賊之後，再別良圖。若驟動之，事或不成，反生一禍，總兵思之。」張輔不聽，固意興兵，即傳令諸將，以兵八萬進勦❺。

　壬辰四年。（明永樂十四年）春正月❻丙午，大兵望清化進發，黃福嘆曰：「兵連禍結，無日得休，在此一舉，古人云：『驕兵者敗』，決然矣。」却說黎利兄弟自被譖之後，回家尋入❼林中結構一草蘆，遣人往老撾取回家眷，使居在此，兄弟出居于藍山，其徒黨情願相從，不忍捨去。三四年間，安常守分，化及村閭，人民歡樂，幸得一方風和雨順，年穀豐登，四旁來者如歸市。一日，黎利當食❽，忽失一箸，（無雷何以失箸？）問諸將曰：「是何吉凶？」段發袖一課曰：「此必有凶器，危象也。」利當疑似間，黎善外來，言曰：「諸公急整戰具，以候迎敵。」利曰：「何處兵來？」善曰：「弟見一陣殺氣衝天，漸漸覆我寨上，今夜北兵必宋。」利曰：「如此奈何？」

善曰：「先飭百姓❾，盡將老幼潛入林中，以避箭刃，後以兵迎敵。」利立即揭籌與百姓週知。善遣人入林中搬取器械，鳴鼓收軍，不半晌❿，得二千餘人。善喚諸將，下令曰：「段莽⓫以三百餘人出婆山埋伏，賊至放過，夜則燃火鳴鼓，晝則多建旗鼓于伏中⓬，俟賊敗，然後引兵出擊；范旦以三百人出沛林設伏，亦如段莽；趙扈阮濟將三百人，人各持一幟，十人一鼓，出正路兩旁，沿山上谷中，隨處靜伏，見賊敗，鳴鼓建旗燃火以助威，不必出戰；（鳴鼓而攻之，安用戰。）丁禮黎豸將六百人出藍山，取柴草積左右，灌以魚油硫磺⓭，分兩旁設伏，聞砲號放火焚之，然後出擊。」諸人聽令⓮去訖。再擇民中鬚眉黃耇五六人，附耳低言如此如此，兄弟自與范宴崇光引六百人出去。卻說張輔提軍彌山遍野而來，至俄樂界首，已見二三人倦老焚香伏于道前，輔問曰：「汝何處百姓？」（某本黎善所遣誘敵。）其老對曰：「臣俄樂黎庶，見天兵遠來吊伐，特候拜謁。」輔曰：「汝境安樂否？」（唯將軍不安樂，我境甚於安樂⓯。）父老曰：「怎得安樂？」輔曰：「誰爲盜賊？」父老曰：「雖無盜賊，亦有甚於盜賊，黎利兄弟謫官回鄉，朘民膏脂⓰，脅民兒女，有不順者，即將屠戮，甚是慘刻。」輔聞言，慰諭父老遣還（狡猾之甚。⓱）顧諸將言曰：「如此而黃尚書諫我勿動，若釋而不誅，則吾民糜爛矣。（只恐將軍之兵糜爛矣。）言了，督兵前進。行了一亭，日已啣山，又見三四耆民⓲設案張蓋，置酒焚香，拜于道左。輔問曰：「你何處小民？」（我黎善所遣來誘敵。）耆民對曰：「臣⓳藍山百姓，聞大將行經界分⓴，特出拜謁。」輔問曰：「黎利居家何幹㉑？天兵到此，不有應候。（已整備火攻應候于山谷）。耆民顰眉蹙額不言。（顰蹙不言，妙！）輔再問，顧左右㉒（妙！）而㉓後言曰：「甚苦，甚苦，（更不說出，又甚妙。）彼最無良，日招不逞之徒，劫掠鄉外，夜聚無根之黨，飲博家中，自縱㉔貪殘，無所忌憚。」輔曰：「今在家否？」曰：「有。」輔曰：「我來擒此無賴，汝肯順乎？」耆民曰：「將軍果能垂恤黎庶，取彼凶殘，則一方之民，正如嬰兒之遇㉕慈母。」輔曰：「汝向道先引我軍㉖。」着民欣然領諾，開路先行。三更時分，到藍山險中，見燈光燦爛，問曰：「何處光瑩？」（此是火攻處，將軍引兵一生，已知虛實了。）着民曰：「此黎利家中飲博。」輔令軍疾行，至近，忽不見着民，只是數間房屋㉗，燈火虛張，無一人居住。輔知中計，（將軍知虛實矣。）欲退出，見㉘一聲砲響，煙火齊發㉙，燃著林間山谷，鼓噪喧天，左邊丁禮殺來，右邊黎豸殺來，輔等冒煙突火㉚，焦頭爛額。（宜待爲上客。）走至婆山，又見砲響一聲，火鼓齊起，段莽引兵截住歸路，明將挺兵來迎，殺開一條血路。張輔走至沛林中，又見鼓響喧天，范旦挺槍趨㉛來，喝曰：「范將軍在此，汝早㉜受降！」張輔魂不附體，不知所走，范旦橫槍直刺㉝，幸得王通來拒，救得張輔，士卒奔走，自相蹂踐㉞，落山坎間，死者無算㉟。輔等走出正路，見兩旁山谷火光中旗幟鼓動如雷，喊聲震地，不知紀極兵馬，各抱頭鼠竄而走。直至天明，至俄㊱山，又見一聲砲響，輔吃驚，仰看見黎利等立于山頭，遙聲叫曰：「張將軍別來無恙否？」張㊲輔大怒，以鞭指罵曰：「汝甚無謂，我來相會，反中奸謀，我誓殺你。」令將士登山攻之，山上黎石率弓箭㊳射下，輔三四五次不得上，忽然范宴從左邇殺出，崇光從右邊殺出㊴，將士棄甲曳戈，不可勝數，輔失驚，撥馬使走，出至神符打點㊵，折了二萬餘人，始信黃福之言，引兵回東都去了。正是：

上將驚心猶騎虎，　中軍奪氣失揚鷹。

未知回去如何，且聽下文分解㊶。

【校勘記】

❶甲本無「引兵」二字。

❷「誅之」乙本作「早除」。

❸「腹疾」乙本作「大患」。

❹「棄」甲乙本作「廢」。

❺甲本數句作：「張輔不聽，即時下令興兵八萬進勦。」

❻「春正月」三字據甲乙本補。

❼「入」乙本作「至」。

❽「當食」甲乙本作「方食」。

❾甲本無「善曰先，飭百姓」六字。

❿「不半嚮」甲本作「不半日」，乙本作「不半霎時」。

⓫「莽」字原作「發」，依案各本間或作「莽」，或作「發」，極不統一，今皆視為一人。

⓬「于伏中」甲本作「伏于中」。

⓭「灌以魚油硫磺」甲本無「以魚」二字，乙本「黃」字下有「引火之物」。

⓮「聽令」二字據甲乙本補。

⓯自上雙行註至此甲本並脫去，或因刪註時而妄刪者。

⓰「膏脂」原作「膏骨」，甲本作「膏血」，據乙本改。

⓱雙行註據乙本補。

⓲「者民」甲本作「者老」，下同。

⓳「臣」字下甲本有「等」字，乙本有「等是」。

⓴「界分」甲乙本作「界首」。

㉑「利」字甲本作「善」，「何幹」乙本作「有何事幹」。
㉒「顧左右」乙本作「者民相顧」。
㉓「而」字據乙本補。
㉔「自縱」原作「縱自」，據甲乙本改。
㉕「遇」字原作「賴」，據甲乙本改。
㉖「汝向道先引我軍」乙本作「汝引路先行，我軍同去」。
㉗此句甲本作「只是數家房壁」，乙本作「只有數間房室」，並無下句。
㉘「見」字乙本作「聞得」，下同。
㉙「齊發」乙本作「突起」。
㉚「突火」甲乙本作「衝火」。
㉛「趨」字據甲本補。又「鼓響喧天」乙本作「鼓鉦振地」。
㉜「汝早」上乙本無「在此」二字，下有「下馬」。
㉝「直刺」甲本作「趨來」。
㉞「各相蹂踐」甲本作「各相踐踏」，乙本作「自相踐踏」，並無以下四字。
㉟「無算」乙本作「不知其數」。
㊱「俄」原作「峩」，依甲乙本改。
㊲「張」字據甲本補。
㊳「弓箭」甲乙本作「弓弩」。
㊴「殺出」甲本一作「趨至」，一作「殺來」。

㊵「打點」下乙本有「軍士」。

㊶二字據甲乙本補。

第三十三回

謁王城黎朝拓始　走南麼陳祚告終

却說黎利得勝，率將士收拾衣甲器械搬回，命趙扈督軍，收北兵陣死，葬于東山下方回。會諸將議事，段發曰：「今乘北寇大敗，追而殺之，以圖大事。」黎善曰：「不可，彼雖一敗，兵將尚多，勢難對敵。」發曰：「若不乘勢攻之，必別求他計，非然，彼則復來，何以拒敵？」黎利曰：「發之言是。」善曰：「我之兵少將微，民貧地曠，此處不可久駐。且彼之一敗，痛恨于心，其勢必來報復，第不知我兵多寡❶如何，不敢輕進，不若乘虛盡拔家眷黎庶，退入義安、藍江❷社，此有千仞山、九百九十崙，甚是險惡，分屯居住，彼雖有百萬雄兵，不能飛過，如此則可保萬全。」利曰：「正合吾意。」於是令人傳報❸百姓，如欲相從以避其害者，起家同行，此時四鄰民庶盡願相從。（先得其民。）利命段莽保護家眷，趙扈保護百姓，男婦老幼萬餘口先去，兄弟與大小將佐起兵後行。循至義安，利欲駐兵，率諸將往城中拜謁陳帝，至此不見動靜，喚所在盤詰，所在曰：「陳帝聞張輔引八萬兵來攻，恐共勢弱，已盡舉兵入順州去了。」黎利曰：「欲入面君，幸得垂憐，竭心以事，今又不遇，莫❹非天乎？」乃長嘆曰：「悠悠彼蒼，忍使❺鑾輿顛沛，崎嶇道上，鳥啼花落，水綠山青，誰爲之輔翼矣。」言了，起兵登程，一步一回顧，徘徊如有不捨之意。行至千仞時，家眷百姓已先到，利命築數簇草寮，使百姓暫住。黎善自出相宅，令士卒內築一城❻，外修八寨，據按八門休生驚杜景死傷聞陣法而行。不一月，內城外寨，盡皆完備，乃命段莽往正東，趙扈往東南，范宴往西南❼，崇光往正西，丁狗往西北，阮濟往正北，鄧敦往東北，丁禮、黎豸、范旦、黎欽引兵沿山環列分駐，百姓老幼，命築室于山中靜處居住，再令強壯隨地開耕，相土起種，百姓安居樂業。有日，黎兄弟引着❽段發等五六人，登山觀賞，發見北城內方外圓，有門有戶，前屯後寨，有正有奇，城郭相連，房屋不斷，儲糧積草各有其方，運伏設奇皆有其所，退可以守，進可以攻❾，依然六花陣法，後因名其城名❿為六花城。段發曰：「如此天才，可惜陳皇不用，必至於敗，庸何傷乎？」黎善曰：「此用兵分事，何必稱羨之過。」完畢，下山回城中，善辭與黎利與諸將，請往三帶州探省妻親去了不題。却說陳帝扈駕退入順州，命大將阮師檜阮山潘經等進屯愛子江，習象練兵，謀圖恢復，早有細作報回東部。張輔聞之⓫曰：「我切齒在黎利，不在季擴。」黃福曰：「其使人探聽，今黎兄弟引兵入義安，築城堅守，攻之者難。貪若撥取船隻，徑渡順州，掃除季擴，撫治交南，使百姓得安衽席，黎民懷之，此時招來黎兄弟，厚之以官，苟有不從，舉兵問罪，彼欲逞技，則⓬天下既懷我之恩，即不從彼之逆，我擒⓭之如反掌矣。」張輔聽計，自率舟師合與沐晟王友大小將佐引兵浮海，徑入順州。至愛子江，見南陣排列齊整，阮師檜居中，阮山居左，潘經居右，陣前各列雄象無數，輔以戒先驅曰：「賊今孤寡，退守於此，人臣為國宣勞，要在建功立業，使銘名于太常幸矣。」諸將踴躍請行，輔命打船連環，橫亙⓮一帶，大砲在前，弓矢隨後，砲發連聲，鼓鳴競響，逼近岸上。阮師檜驅象來衝，所被北兵砲弩齊發，一矢落其象奴，再矢破其象鼻，象股⓯慄奔還本陣，自相踐踏，北兵乘之，衝殺喧天，阮山舉刀來迎，被沐晟一槍刺死，王友生擒潘經等數十人，阮師檜敗走，士卒死者無算。

癸巳五年，（明永樂十二年。）春正月，輔等乘勝驅兵，至正和縣羅蒙江⑯，此皆懸崖側徑，輔晟捨騎步行，大索得景異隱于谷中，（此是用計耳。）一矢射中擒之，分軍大進，四面尋覓⑰，至南靈州，獲阮師檜鄧容等，南軍大潰。陳帝惶恐，遁走老撾，此時老撾軍民保護陳帝還國，不幸北將都指揮師祐引兵躡⑱之，大軍隨後，追克老撾二關⑲，軍民潰散，棄陳帝及其妻妾於南歷，北將盡生擒了，陳氏告終。正合南交讖語云：「巡西嶺，（言上皇巡西領。）走南歷，（言陳奇走。）臨北地，（言二帝入北國。）失東阿（東阿即陳字）」張輔既平陳氏，欲提兵還⑳攻黎利，征夷副將軍梁袞向前請曰：「某願將五千精兵，生擒黎利徒黨，俘㉑于帳下，不勞總兵親臨。」輔曰：「彼誠多謀，不可輕敵。」袞曰：「若元帥誤中愚民之計，某今已知㉒，精細而行，何憂不獲。」輔曰：「果如此，許你先往，早賜回音。」袞引兵出去，輔俘陳帝返回。正是：

黃犢遇時欺老虎，　蚓蚯得勢笑神龍。

未知俘帝如何㉓，且聽下文分解。㉔

增補鄧容被明所獲感懷詩一首㉕云：

世事悠悠奈老何，無窮天地入酣歌；時來屠釣成功易，事去英雄飲恨多。致主有懷扶地軸，洗兵無路㉖挽天河；國讎未報頭先白，幾度龍泉帶月磨。

【校勘記】

❶「多寡」二字據甲乙本補。又「不」字甲乙本作「故未」。
❷「藍江」甲本作「藍山」。
❸「令人傳報」甲本作「傳令」，乙本作「傳報」。

❹「以」乙本作「從」，「莫」甲乙本作「豈」。

❺「使」字據甲乙本補。

❻「內築一城」乙本作「出城」。

❼甲本無「范宴住西南」。

❽「引著」甲乙本作「與」。

❾「其」字據甲乙本補。又「退」、「進」原作「進」、「退」，據甲乙本改。

❿「名」字據甲乙本補。

⓫「聞之曰」甲乙本作「言曰」。

⓬「則」字據甲乙本補。

⓭「擒」甲本作「折」。

⓮「互」字原作「立」，據甲乙本改。

⓯「股」字原作「鼓」，據甲乙本改。

⓰「江」甲本作社。

⓱「尋勦」甲本作「合乎進勦」，乙本作「拿勦」。

⓲「躡」字原作「攝」，據甲乙本改。

⓳「二關」甲乙本作「三關」。

⓴「提兵還」甲本作「還兵」。

㉑「俘」字上甲乙本有「獻」。

㉒「知」乙本作「識破」。

㉓此句甲本作「未知獻俘陳帝如何」。

㉔案此二句原置增補之後，今據甲乙本移。

㉕「一首」二字據甲乙本補。

㉖「無路」甲本作「無力」。

第三十四回

張國公三次獻俘　段參將❶一番用計

却說張輔生擒陳帝并文武三十餘人，班師回東都，黃福出門迎候❷，殺牛宰馬，宴勞將士，城中寨外，各賜酒肉，以爲賀平陳之宴，日以繼夜，燈燭輝煌，笙歌互奏，通三日後，輔命陳洽草露布，檻季擴等歸京師。至八月，陳帝遇害。輔對沐晟、黃福言曰：「今僞主成擒，黎利兄弟甚桀驁，（前後不忘黎兄弟。）諸公❸何計以擒之？」沐晟曰：「不知梁征夷引兵前來勦捕，事得成否？」（梁征夷死矣。）黃福愕然曰：「已差人來掩了。」輔曰：「擒季擴時欲來殺之，梁副將慷慨請行，業已遣矣。」黃福曰：「梁袁休矣，彼兄弟雖百萬雄兵，未必可勝，況於梁等五千人乎？此人可以智取❹，不可以力攻，前日某累❺言之，將軍豈不聞乎？」輔曰：「此奈何？」福曰：「立即飭諸郡縣❻引兵救應，庶存多少者幸。」輔急令寫公文飛去不題❼。却說梁袁引兵詐稱巡撫，望義安直出❽，軍行一亭一止，虜掠物產，百姓殘苦，奔來六花城告急。利問曰：「賊從何道殺❾來？」百姓對曰：「聞得生擒陳帝于順州❿，今引兵巡撫宣慰。」利曰：「汝等先回，俟⓫，我思之。」百姓拜謝出門。此時黎善往三帶未回，遂合衆將護曰：「賊今復來，公等以爲何幹？」段發曰：「彼必乘勢來襲主公，佯言巡撫以解群疑耳。」利曰：「何人敢出禦敵？⓬」發曰：「某願往。」利曰：「公既不辭勞苦，以一千兵和與范旦、黎欽前往討賊，我隨從後接應。」發曰：

「不勞主上屈駕，某等足矣。」三人領命引兵出六十里外，按地立寨屯駐。此時梁袁進兵至清漳縣界，已見黎兵防備。袁亦分兵布立陣勢，令人細作黎兵多少，探子⑬回報：「度一千而已。」梁袁曰：「南人多詐，不足深信，豈有天兵到此，而彼以一千小卒可敵之乎？（如此多矣。）意匿⑭多出少之計，我亦以計取之可也。」諸將問曰：「大將有何秘計？」袁曰：「遣人詐降，誘彼來⑮劫寨，我引兵搜彼寨後劫之便了。」諸將曰：「將軍神算矣。」袁喚從事馬和授計，馬和聽令，引數十人投黎寨來，門吏入告：「有北兵出降。」發沉吟半響，喚黎欽附耳說了⑯，許門吏放入。馬和進入，發出迎接，敍姓名畢，分客主⑰坐定。發曰：「將軍遠來，必有賜教。」和曰：「某被梁袁貪殘，所到之處，傷害生靈，某以直言爭之，彼即辱罵鞭撻，某聞黎公仁德，大業必成，故來相投，望其收納。」發欣喜應諾，（前者仲東詐降徐政，而政先疑後信；此則馬和詐降段發，而發遽信，始知遽信者疑之，先疑者信之。）曰：「將軍誠心助我，使我來劫北寨，事成，我請主公尊為尚父。」（徐政許仲東為參議，段發許馬和為尚父，前後遙遙相對。）和曰：「黎公安在？某願一見。」發曰：「黎公見強寇兵來，扶病出軍，今貴體違和，猶宿未起。」發携馬和手出帳後觀看，馬和偷日帳中，見一人蒙被而臥，呻吟不已。發遂指左右言曰：「兵有無幾，恐難與敵。」和曰：「兵不必多，貴在勝算矣，將軍勿憂，已有某來，斬梁袁決矣。」（不因弄假，反出成真。）發曰：「幸甚。」二人看了回寨。馬和詐曰：「某願居此。」發愕然曰：「將軍居此，誰為內應？」和曰：「既如此，某請⑱還，今夜將軍來劫寨，勿誤。⑲」發唯唯，和辭去。范旦直入言曰：「將軍見一賊兵⑳，不知眞否，遽已信之，使彼盡窺我虛寔，何也？」發曰：「彼用計詐降，我固使彼知之，然後將計就計而行。」旦會意。發喚黎欽告曰：「公將三百人伏于我寨兩旁，見賊至，舉號擊之；范旦以五百人取道穿山，往北寨左右，殺其伏兵㉑，然後劫寨。」二人去訖，發自引二百人伏于前路。却說馬和回至北寨，梁袁問曰：「賊勢如何？」和將前後說了一遍，袁㉒欣然，命㉓指揮阮丙以二千人伏于本寨東西，賊來攻之，命參軍黃舉將二千人㉔往南寨左右埋伏，俟彼引兵出外，襲寨取之。分付畢，自上馬引兵隨後救應，行至南寨前路，見一聲砲響，火光齊起，一將橫槍立于山邊，喝曰：「段將軍在此。」梁袁失驚回顧，被段發一鎗刺死，麾軍趨殺，北兵大敗走回。阮丙想為南兵刼寨，遂㉕起兵殺出，兩相衝擊，死者遍野㉖；背後范旦趨來，斬阮丙于寨外，黃舉至南寨時，喝兵殺人，不見一人，驚惶欲退，忽聞鼓響連天，兩邊黎欽驅兵㉗殺來，黃舉奪路便走，至半途，撞遇段發，一鎗刺中窩心，舉翻身落馬。平明，三人得勝收軍回六花城。時四旁郡縣，接得張輔公文，率兵來應，至見梁袁已死，五千軍盡沒，馬和脫死逃回東都㉘去了。正是：

自恃才能多客誤㉙，古來征戰幾人還。

未知馬和返㉚回如何，且聽下文分解。

【校勘記】

❶「將」原作「軍」，據甲乙本改。
❷「迎候」甲本作「交候」，乙本作「候迎」。
❸「公」原作「將」，據甲乙本改。「何計以擒之」乙本作「有何妙計可以擒之」。
❹「智取」乙本作「計取」。
❺「累」原作「略」，據甲乙本改。
❻「立卽飭諸郡縣」甲本作「立卽飛飭郡縣」，乙本作「火速由文書報諸郡縣」。
❼「公文」乙本作「文書」，「不題」二字據乙本補。

❽「出」甲本作「至」，乙本作「上」。

❾「殺」原作「得」，乙本無，今據甲本改。

❿「順州」甲本作「順化」。

⓫「等」字據甲乙本補。又「俟」原作「後」，據甲乙本改。

⓬「禦敵」甲乙本作「拒敵」。

⓭「子」原作「了」，據甲乙本改。

⓮「匿」字甲本作「還」。

⓯「來」字據甲乙本補。

⓰「附耳說了」乙本作「附耳曰如此如此」。

⓱「客主」甲乙本作「賓主」。

⓲甲本無「卽如此」一句，「請」字據甲乙本補。

⓳甲本無「勿誤」二字。

⓴「兵」甲乙本作「來」。

㉑「伏兵」甲本作「埋伏」。

㉒「表」字據甲乙本補。

㉓「命」字原作「會」，據甲乙本改。

㉔「人」字據乙本補。

㉕「遂」字據甲乙本補。

㉖「遍野」乙本作「無算」。

(27)甲乙本無「驅兵」。

(28)甲本無「東都」二字。

(29)「誤」甲本作「過」。

(30)「返」甲本作「去」，乙本作「走」。

第三十五回

季祐獻謀擒故老　段發討賊救慈親

却說馬和敗走，逃回東都，入拜叫曰：「梁副將將❶兵至義安，誤中❷賊謀，將士盡覆。」黃福曰：「輕敵者敗，尚有何言！」輔曰：「黎利用兵如何？汝輩反敗。」（亦如前日擊將軍❸。）和曰：「不見黎利，只見段發在此，其人詭詐百端。」輔曰：「莫非前日在❹傘圓屯與沐晟將軍撕打乎？」和曰：「正是。」輔曰：「量彼何許小人，安敢如是？」降將潘季祐曰：「段發❺淳祿油場人也，其人事母至孝，昔與漢蒼交厚，漢蒼逼之❻出仕，充翰林侍講，後使參軍多邦城，被黎善用計誘至傘圓擒之，彼請降今見居在此。」沐晟曰：「諸公失策，傘圓會宴之時，致某殺之，何至今日。」張輔曰：「此時欲殺鼠而忌器，胡寇尚強，非致彼爲內謀，不能成事，豈不知乎！今舉兵盡誅之便了。」（恐誅之不可得❼）季祐曰：「某請獻一計，不勞將軍匹馬，而彼自束手就縛。」輔曰：「計將安在？」祐曰：「善與發同謀，如虎添翼，難以力征，莫若遣兵先往三帶捉陳太監，後往淳祿擒發老母，將回都中，托以苦刑，又以書招此二人，一則爲岳翁，一則感親母，自然請降，此時利無能爲矣。」輔曰：「此計甚妙。」（妙則妙矣，只恐晚了。）立即命李彬以一千兵往三帶隴外，王友以一千兵往淳祿油場，二時聽命去訖。不三日，李彬回，言：黎善已取太監家眷❽，去多時矣。先是，黎善恐此將固窮，累及外親，故往請李公盡取家眷同就義安六花城居住。及回至城中，兄弟亦來問候，黎利曰：「叔叔他往，賊兵復來。❾」善曰：「弟亦知彼執陳帝後，乘勝必來，然已有段發❿在此，足以拒敵。言畢，」見段發來謁，善問曰：「段將軍斬了賊將，破了賊兵，心中安否？」發曰：「某憑主公之威，胡爲不安？」善曰：「不然，吾聞尊慈⓫猶在故鄉，倘寇見公參謀於此，彼即潛⓬來執取尊慈，此時公心安⓭不安乎？」發聞言吃驚，言曰：「願大人賜教，發請回省母。」善曰：「公以三百勇敢與阮產、杜容⓮急急進行，某料此時賊已至矣。」發聽命，引兵兼程至俄州，見家人奔來告急曰：「尊慈被北兵執去。」發曰：「此時⓯我母有何言？」家人曰：「只呵呵而笑曰：『得其死矣，得其死矣。』」發聞之，放聲大哭曰：「願諸公救我。」將士⓰憤激，言曰：「請從將軍令。」段發遂不回淳祿，倍道出神符靜侯去路，遣入哨探，回報：「賊將王友所行⓱不遠，半晌至矣。」發令杜容以一百人伏于左，阮產以一百人伏于右，自將一百人于山上岩谷中埋伏⓲。此時王友生獲發母，無人抗阻⓳，縱肆自行，軍無隊伍，纔至山腰，見一聲弩⓴響，左邊杜容殺出，右邊阮產殺出，山上段發殺下，撞遇王友，橫鎗刺中王友肩上，友冒死落荒而走，三人殺得北兵死者滿路，斬了竹檻，救出慈母。發問曰：「今日母受驚否？」母笑曰：「死生驚惧，不入于胸中，我視死如歸，汝何儒之甚！昔汝迫於勢，出事僞朝，我心常慼慼耳。今既遇黎公，寬洪大度，長者之君，我想今得往東都，大罵黃福、張輔一場，死亦㉑爲快，及遇汝截回，心不遂耳。」段發拜伏唯唯。將兵收拾衣甲，保護老母家眷回義安，老母入城中，叩頭拜謝，黎利曰：「幸得老姥無恙爲優㉒，又何必謝。」段母曰：「妾聞人誰無死，死於國事，其死也安。幸妾有子，從事明君，賊逞野心，圖謀來執，意彼此其母而招其子耳，妾自知之，安然而往，期至東都，先導之以義理，示之以順逆，使明將佐卿羞蒙恥，然後以身殉國，致子㉓盡忠，誠爲妾願㉔，何期明君不棄，遣將截回，使妾母子獲覩天日，安得不謝。」黎利曰：「姥之忠烈，王陵元直之母，亦㉕不得專美於前矣。」言了，令別擇一室安歇不題。却說王友大敗，收得殘卒百餘人回東都伏罪，張輔詰曰：「何爲而犯囚不得，軍士不全？」王友對曰：「某生擒回至神符，不幸遇段發賊輩伏于山中出擊，所被山路險阻，力不可當，不得已逃生而回。」輔曰：「不知何處逆黨，早出于此？」黃福曰：「此必黎善覘得消息，遣段發伏路奪回。」輔盛怒曰：「此賊安得可赦！」福因諫，輔不聽，即下令選雄兵十萬，健將三十員，舟師三萬，馬騎八千，糧餉整齊，器械備具，擇以㉖甲午年（明永樂十五年）春正月庚申起兵，踏平義安，勦除賊㉗黨。忽然有門吏入報：「有天使詔命至。」張輔黃福出都門㉘接使。正是：

星列三軍揮白刃，　風傳九陛送丹書。

未知接使如何，且聽下文分解。

【校勘記】

❶「将将」乙本作「征夷」。
❷「中」原作「用」，據甲乙本改。
❸雙行註原作「亦如前日擊将軍」，據乙本改，甲本脫。
❹「在」字據甲乙本補。
❺「段發」據甲乙本補。
❻「之」字據甲乙本補。
❼雙行註原作「恐不誅得」，據甲本改。
❽「家眷」二字據甲乙本補。

⑨甲本無「賊兵復来」四字。
⑩「段發」下甲乙本有「将軍」二字。
⑪「尊悉」乙本作「令悉」，下同。
⑫「滑」甲乙本作「前」。
⑬「此時公心安」下乙本有「與」字，甲本作「公心安乎」。
⑭甲本無「杜容」二字。
⑮甲本無「此時」二字。
⑯「将士」甲本作「諸公」。
⑰「所行」乙本作「行程」。
⑱「于山上岩谷中埋伏」甲本作「于山谷上埋伏」。
⑲「無人抗阻」四字據甲乙本補。
⑳「弩」字甲乙本作「砲」。
㉑「亦」原作「則」，據甲乙本改。
㉒「姥」字甲乙本作「母」，又甲本無「為優」二字。
㉓「子」原作「力」，據甲乙本改。
㉔四字據甲乙本補。
㉕「元首」乙本作「徐庶」，又「亦」字據甲乙本補。
㉖「以」字據甲乙本補。
㉗「賊」甲乙本作「逆」。

㉘「都門」乙本作「東都」，甲本作「張輔、黃福等出東都門外」。

第三十六回

設書驛黃張定制　貢扇翠馬李殘民

却說張輔執陳帝時，黃福恐❶其恃才逞技，生事邀功，乃❷密奏請聖旨諭張輔息兵，輯安黎庶。此時成祖見僞主成擒，思諸將之功，違使奉詔往安南褒賞。使至，黃福張輔接入宮中，排設香案，拜畢，開詔見言張輔下交南，三擒僞主，威鎮西南，特命鎮守交趾，賜幣五百匹，金百斤；加陳洽兵部尚書，仍參贊軍務；尚書黃福有威惠❸，交人懷之，戢伏莫敢蠢動，應加五級，賜金百兩；諸將各加獎賞。再勅張輔宜息兵勸民，若黎利兄弟，可以德化，不可威刼。（此出黃福之奏耳。）於是輔不敢起釁，撫諭蠻酋，丁仁驗來降，輔權給爲鎮夷百戶，疏奏，成祖允旨，遣賜勅命。

乙未年（明永樂十六年）夏四月，輔遣丁仁驗來朝，貢馬謝恩，成祖賜鈔幣遣還。五月，黃福設府縣州學，及陰陽醫學僧綱道紀等書，時交州人林少碍黎公俁亦來東都，受業於黃福。（此揭林黎二人伏筆，後面便見。❹）張輔奏設官驛，自廣東欽州天津驛，經猫港至涌淪、伕淘，從萬寧縣抵交阯，多由水道，陸行止二百六十一里，北丘溫故路近七驛猫專便往來，成祖從之。輔復諭三江等府土官莫勛、杜惟忠、陶弘等來朝貢馬及金銀等物，成祖特賜宴勞。陞勛爲右布政使，杜惟忠爲參議，陶弘爲交州❺中左右衞指揮，各賜紗幣遣還。輔命監察御史黃宗載巡按❻交趾，宗載見房屋皆覆草茅，多被火患，遂令三司募人❼伐材陶瓦，起立家屋，不半年，營房皆覆瓦，大患消息

❽。

多十二月，明成祖以張輔勞苦經營交趾，前後十年，召還，命豐城侯李彬代領鎮守，復遣使將洪武禁書—乃高駢圖稾—諭黃福曰：「朕聞安南多有貴地，卿係是風水名家，乘平之時，細心經覽，圖其形勢，遞回朕看。」黃福奉命，第人民新集，寇盜未息，不可遠去，乃遣弟子分行各處尋察，弟子去未幾旬，各印本列稾將回。福曰：「暫訂寫于後本。」時李彬來問，見圖稾下列四字，有對有韻。彬笑曰：「地道之秘，豈有寫❿得如此模樣，此本若行，正弟子之誤先生，即先生之誤天下後世矣。」福曰：「暫寫于此，俟平定⓫然後覆看。」彬反回，中官馬騏議曰：「交南⓬之國，新入版圖，我等欽命分司，而奉上之誠，豈無一物，今象扇翠羽寶物者多，我索貢之，以表臣子之職⓭，君侯以爲是否？」李彬曰：「正合吾意。」於是二人定歲貢象扇翠羽各萬筒。

丙申⓮年（明永樂十五年）春正月，李彬、馬騏索民供貢，馬騏墨（貪也。）而殘，定一而取十，要索百姓以金銀代納，驛亭遞貢，夙夜奔馳，行齎居送，疲於勞役，死者塞⓯路，郡縣守令得意，殘虐日甚，浚盡民財。時明制出官邊方負帶珍寶回國，關吏檢察見之，律定腰斬，故諸官吏收得許多寶貝，不敢將回，盡散于民間神祠佛寺池井丘陵藏匿，封神置之，以爲後日之計。安南之民不能堪命，諸縣父老，潛往義安投六花城，叫曰：「北寇心狼，苛酷百姓，伏望明公弘湯、武之德，除殘去暴，以救生靈，不然，則南國⓰魚肉矣。」利曰：「某本凡庸，賊多見逼，拳拳以保身爲計，猶恐不及，豈敢預前世弔伐之王者乎？」父老曰：「明公令德，舉世皆知，藍山之雲覆效靈，涇鵲之雨隨助順，雖三尺之童子，亦知爲革命之君，故天下之望明公，猶太旱之望雨⓱，安忍棄之乎？」黎利曰：「父老差矣！撥亂救民，除非英雄之主者不能，利惡乎敢？父老且回，天下大亂，豈無弭亂之人出，出則大定矣，何憂之有。」父老涕泣而退，利亦爲之墜淚，遣人喚黎善商義。此時善出外未回，利退入後房，下帷歇息，心憂黎庶，輾轉不寐，遂點燈剔神經，卦列未完，忽見一人披帳⑱拜伏，利大怒，拔劍欲斬之。正是：

心籌秘訣⑲蘇民瘼，帝賚良臣助國謀。

未知其人爲誰？且聽下回便見。

【校勘記】

❶「恐」字甲本作「怒」。

❷「乃」字據甲乙本補。

❸「威惠」乙本作「恩威」。

❹「筆」字據甲乙本補。

❺「交州」甲本作「交趾」。

❻「巡按」甲本作「巡撫」。

❼「人」原作「官」，乙本同，今據甲本改。

❽「消息」乙本作「稍息」，甲本作「息消」。

❾「李彬」上甲本有「沐晟」，又「領」字原無，據甲乙本補。

❿「寫」原作「泄」，據甲乙本改。

⑪「定」字據甲乙本補。

⑫「交南」乙本作「安南」。

⑬「職」字甲本作「誠」。

⑭「丙申」原作「甲午」，據上文及甲乙本改。

⑮「塞」字原作「黑」，據甲本改。

⑯甲乙本「國」字下有「為」字。

⑰甲本作「猶久旱之望甘雨」。

⑱「帳」甲乙本作「帷」

⑲「訣」字原作「決」，據甲乙本改。

第三十七回

阮鷹決志尋明主　黎利清夜得謀臣

却說其人乃上福蕊溪人阮鷹，阮飛卿❶之子也。鷹早歲孤寒，天資穎悟，壬禽遁乙，無所不通，舉陳末進士❷。及胡氏篡國，明將攻之，占據土宇，至陳氏中與，鷹知國祚❸不洪，逃而不出，欲陰求天下豪傑，以徐圖之。有日，至弘化縣，天之將暮，欲尋處投宿，見一簇草寮，問來自寓，適有老嫗自❹內出，言曰：「此間經亂之後，山君作祟，行客往來，多受其害，公尋別處相投，老不敢惜。」鷹望外日已西沉，無路可出，乃言曰：「願居在此，倘有妖祟，某自當之。」老嫗却不得，遂納。此時鷹見老嫗之言，疑懼不敢寢，至三更時，聞門外多人細語，一人曰：「屋中有一個男子，甚是秀麗，入縛而噬之。」一人曰：「不可，此是開國功臣，昊天有命，勿可侵犯，上帝見誅。」鷹拔劍潛出門外❺，(信你有膽。)諸人走散，惟一女子楚楚衣裳，翹翹態度，歛容立于道左，鷹問曰：「汝何等女兒，寅夜在此？」其女曰：「妾本崇山神女，昨者回朝上帝，聞兩曹列籍❻言南邦擾亂，許黎利爲王，阮鷹爲輔，撫定一❼方，故妾見群妖欲害將軍，特來勸解。」言訖不見。鷹驚喜，帶劍返回家中宴息，明日起程，循❽至義安千仞山，見一城郭，法度精嚴，兵機整肅，人民安集，士女諧和，誠是一帝王之景象，不知所主者誰，自投觀其意。見來者受之，士則敦書，女則勸織，工則專藝，農則務耕，六七月間，日以如常，不知黎利爲誰。會有百姓父老，叩問❾乞來投控黎公，廌即隨父老問入，躲❿面偷目，見其人儼容儀，寡言語，堂堂有天日之表，又見父老言曰：「雲覆效靈，雨隨助順。」自思曰：「眞帝王受命之主也。」遂避匿于寨邊。逮日夕，黎利退回密室，廌隨步踵後，至則利開門直入，將機內鎖了，廌繞行四周⓫，望屋廈有一隙處，自攀椽上透入，見黎利在帳中列太乙，廌靜坐室奧⓬，俟卦剔漸完，開帳直入。利失驚，拔劍欲斬，廌拜伏在地，叫曰：「請明公赦宥，容臣一語。」利問曰：「汝何等姓名，乃敢自耳？」⓭廌對曰：「臣陳朝進士，蕊溪人，姓阮名廌，被明將暴虐，逃遁他方，聞明公寬容長者，特來相投，無由上達，幸今出堂聽事，獲覩威顏，想來叩頭，又恐搪揬，故冒死相從，潛入室奧，偷得明公算法少差，願爲一解。」黎利見是進士，心自敬愛，下榻延之同坐，問曰：「先生亦有知⓮太乙耶？請明教我。」廌奉取算子，將十六宮位次神將列定，一一不差，利始信服，語及時事⓯，利大悅，以爲如漢高之得陳孺子。廌熱於逞技，勸黎利起兵，利曰：「現今門下純是武將，勇而無謀，勿可驟動。」廌曰：「明公四弟，智謀兼備，誰謂無謀？」利曰；「先生何以知之？」廌對曰：「有麝自然香，何必當風立。」利曰：「爲將之道，兵書術數，不可不知，豈有一人而能應萬機之變乎？先生不棄寡弱，煩誨導將士，使知得萬一，然後就事未遲。」廌領命退出。正是：

君臣幸契明良會，將士相歡修進時。

未知退出如何，且聽下文分解。

【校勘記】

❶「卿」原作「鄉」，據甲乙本改。

❷「進士」甲本作「大學生」，乙本作「大學士」。

❸「國祚」甲本作「陳氏」。
❹「自」字據甲乙本補。
❺「門外」原作「外門」，據乙本改。
❻「籍」乙本作「宿」。
❼「一」甲本作「四」。
❽原作「循徐」，甲本無「徐」字，乙本圈去「循」字，今從甲本。
❾「問」字原作「門」，據甲乙本改。
❿「躲」原作「朵」，據甲乙本改。
⓫「四周」甲本作「四顧」。
⓬「室奧」甲本作「奧室」。
⓭甲乙本此句並作「自敢乃耳」。
⓮「知」字下甲本有「算」字。
⓯乙本無「語及時事」四字。

第三十八回

設學舍山神報兆　討北寇黎衆乞憐

却說阮廌領命❶，退出相地，惟藍江山巓可築學舍，回覆黎利，先飭所在修治山上培基，後遍示軍中將士與黎庶，各聽阮廌教習書業。廌出寨，與諸將敍面，至二更就寢，夢❷見一女子懷妊向前叫曰：「此山係妾所居，請將軍姑緩一旬，致妾臨盆了，然後隨將軍所爲。」阮廌覺來，知是一夢，急整衣出寨，則東方已白，自投藍山來，已見人民斬伐樹木，培築平基❸。廌問曰：「諸人掃刬這山，見何物否？」諸人曰：「某等伐至山巓中，一黃蛇有孕，追斬之，只得尾一段耳。」廌默然。時百姓樂黎利之德，修築不日成之。丁酉年(明永樂十六年)秋七月，廌就設帳，將士朝則來肄業，暮則回守營，四旁百姓子弟聞者請入學無數，書聲與山聲俱響，文陣偕雲陣齊輝，後人有詩讚云：

霧捲疎簾幾夕陽，　依然數仞隔宮墻。
樹排冠劒❹鞋千里，　花落琴書萃一堂。
筆架高低雲射影，　硯池深淺月含光。
攀龍附鳳人何在，　分付山頭草自香。

有一夕，廌開卷觀覽，見紅血一滴墜于紙上，浸了三張，廌愕然逆顧，見黃蛇鉅大，卷于樑上，鷹知是山神御怨，乃言曰：「我承天子命來此教書，正是爲國救民，非有心於害汝，汝宜速去，不然，我仗天威除之，勿悔。」言了，蛇俛首而去，（昔禹濟江，黃龍俛首低尾而去，今鷹設教，黃蛇只俛首而去，可發一笑。）鷹自知此蛇爲禍不淺，但今日天不與耳，自安然勤攻書法，訓教將士子弟。數日，黎利親臨視，見士卒黎庶❺勤讀書籍，專習典章，依然鄒魯之鄉，欣然返回。適遇黎善，和至城中安歇，善曰：「弟昔往廣威覆觀山水（以爲後日屯兵之所。❻）再至傘圓，登山看時，見吉星來會于奎，意大兄在家，必得賢士相助，今者何在？」利曰：「不知賢士爲誰❼？昨見一人，甚是聰慧，自稱蕊溪進士阮鷹來投，今使教習將士于山外矣。」善曰：「大兄得之矣。」利曰：「鷹與叔孰優？」善曰：「鷹天文地理，無所不通，三教九流，無所不學，勝善十倍，善聞名久矣，多番意欲相求，固未暇耳❽，今復來，大事定矣。」善請出與鷹相見。（昔鷹言聞善名久矣，今善言聞鷹名久矣，所謂英雄識英雄。）利曰：「善。」於是善往至學舍，鷹出門拜揖，請入舍中相敍，會遇畢❾，善問曰❿：「諸將學進益否？」鷹曰：「某奉明公之命，幸得諸將聰明，不五月，諳閑法術，惟段發范旦爲最。」二人談道多時，同回城中問候。忽見數輩耆老入門拜伏，哭泣叫曰：「今北寇⓫索民貢獻，有不及者，殺戮甚酷，請黎公起兵討賊，以救黎民。」時諸將⓬共會，阮鷹曰：「興兵有名矣，願明公俯⓭從民願。」利曰：「不可。」鷹曰：「文臣武將者多，器械兵糧具足，胡爲不可？」善曰：「未得其時矣。」鷹曰：「明公討賊救民，若待及時，則黎庶糜爛絕滅，所舉者何爲？」段發曰：「從明公者⓮，只圖伐罪吊民⓯，幸得寸功，上可以光祖宗，下可以顯族黨，若明公不從人願，則人心⓰懈怠，明公誰與共事乎？」言了，又見百姓三群五隊，皆來哀求起兵，利見臣民共逼，始許允。鷹曰：「天生民有欲，無主則亂，請明公卽皇帝位，然後起兵爲是已。」黎利驚曰：「公何出此言？我何德敢當之！」鷹曰：「天命在人心，人心歸卽天命在，今天命在明公身上，有云：『天命歸于有德』，若無德，安得人心之所歸？明公欲逃而不能也。」（鷹反覆以天命人心告其君矣。）黎利固辭⑰不聽，拂衣而起，諸將亦退去。正是：

既識天心⑱歸有德，
敢虧人事擅稱尊。

未知退出如何，且聽下回分解。

【校勘記】

❶甲本無「領命」二字。
❷「夢」甲乙本作「睡著」。
❸「平基」甲本作「平屋」，乙本作「平臺」。
❹「樹排冠劍」甲本作「樹飛弓劍」。
❺「士卒黎庶」甲本作「將士」。
❻此雙行註甲本作為正文。
❼此句「知」字乙本作「有」，甲本作「不有誰為賢士」。
❽「耳」字甲乙本作「及矣」。
❾「畢」字據甲乙本補。
❿「曰」字據甲乙本補。
⓫「北寇」甲本作「北國」。
⓬「黎民」甲本作「生民」，「諸將」甲本作「諸公」。
⓭「俯」甲本作「附」。

⑭「者」字據甲乙本補。
⑮「吊民」甲本作「救民」。
⑯「人心」原作「人皆」，據甲乙本改。
⑰「囬辭」二字據乙本補。
⑱「天心」原作「人心」，據甲乙本改。

第三十九回

阮進士設謀立主　黎太祖即位爲王

却說將佐❶勸黎利不聽，各各❷退去。阮廌心生一計，自以蜂蜜將各古樹塗曰：「黎利爲王，阮廌爲輔。」❸（據前百神語。）令蟲❹蟻聚食，脫❺盡木皮，處處皆有，士卒黎庶見之，傳言天書降下，聲入城中。黎利不信，乘月夜帶劍出看，見二人相對言曰：「來日我有新天子。」一人問曰：「天子爲誰？」一人曰：「爲黎利。」一人曰：「利爲之，天下定矣。」利性多忌好殺，聞得此言，拔劍斬之，見一陣火花，化爲一寢石而已。返回，見樹間依然八字，自思曰：「天使我也。」❻（老實已被阮廌睇了。）還至帳中宴息❼，來日又見文武群臣百姓共來固請，利❽見臣庶交迫，乃言曰：「我安敢爲皇帝？」廌曰：「如是，請明公即王位，以慰民心。」利乃允請，於是臨臣議立爲平定王，（後爲黎朝之太祖皇帝。）遣士卒築壇于千仭山之南。

戊戌，平定王元年（明永樂十七年。）❾春正月甲寅，群臣文武登壇，上建五大旗，應五行，中列二十八神砲，象二十八宿，下布八隊兵馬，以象八卦，中間排設香案，各安置畢。阮廌在左，黎善在左，黎石在前，段發❿在後，文臣武將環列四旁，奉黎利登壇，焚香⓫祝曰：「利爲群情所迫，擁立爲王，起義興師，吊民伐罪，伏望皇天后土鑒臨，永錫邦家之福。」祝畢，西向讓王，南向讓再，（此讓雖是虛文、不失帝王氣象。）然後登王位，群臣皆呼萬歲。起駕還城中，議以黎石爲相國，丁禮爲司徒，黎豸爲司空，段莽爲都督水步⑫兵馬，潘僚爲參議錄尙書事，范柳爲左將軍，趙凮爲右將軍，崇光爲前部大將軍，農文歷爲後部大將軍⑬，車三爲平寇將軍，阮濟爲威敵將軍，鄧敦爲威遠將軍，范旦爲遊擊將軍，范宴爲都指揮使⑭，杜容阮產爲勦略將軍，段發爲侍郎兼⑮參贊軍務，丁狗爲轉運使，黎欽爲調撥兵糧，勅黎善爲正軍師，阮廌爲副軍師，各掌軍國事務，善辭曰：「善本大王之弟，豈有專掌兵權，願爲軍中從事足矣，請讓阮軍師兼掌。」阮廌亦固辭，不得，始兼掌正副軍師。諸將大小各陞擢畢，復以其子麟爲太子，命侍郎段發作諭，布告天下，俾各週知。諭曰：

天生司牧，相上帝而綏四方；君代天工，首庶物而寧萬國。事非獲已，威則董之，故御龍而解秦苛，劉漢救民生民塗炭；躍馬而除隋虐，李唐蘇衆庶於焦熬；誠有道吊民、無心稱亂者也。我越國天開泰運，地闢離方，賢聖篤生，會合應岐山之鳳；邦家安靖，清平符洛水之龜⑯；五百年民不知兵，億千載國無用戰。蠢兹地寇，侵北南邦，臣子其民，郡縣其地。義矯禮狗⑰，敎既絕於四維⑱；劍樹刀山，刑又慘⑲於五虐。法當貪饕⑳，政深猛虎之殘；猾吏侵漁，民被毒蛇之苦；神人共怒，天地不容。朕奮跡藍山，屯居濟水；翌戴協群僚之請，位在德元；擁逼均衆志之推㉑，權操誼主。順人心而起義，殲仇方烏合於商邦㉒；襲天罰以平殘，圊兆庶㉓鴈安於周宅。夫君民一體，魚鳥同情，鳥思靜於飛塵，魚豈安於沸水，凡爾有衆，各體朕心。

增補㉔阮廌平吳大誥，有曰：

「敗義傷仁，乾坤幾乎欲息；重科厚斂，山澤靡有子遺。開金場則冒嵐障而斧山淘沙，求明珠則觸蛟龍而絙腰汆（音𠕹）海。擾民設玄鹿之陷阱，殄物織翠羽之網羅。州里之征徭重困，閭閻之杼柚皆空。」

又曰：

「揭竿為旗，詆隸之徒四集；投膠饗士，父子之兵一心。」

又曰：

「蒲藤之雷驅電掣，荼麟之竹破灰飛。」

又曰：

「飲象而河水乾，磨刀而山石缺。一鼓而鯨刳鱷斷，再鼓而鳥散麕驚。冷溝之血杵漂，江水為之嗚咽；丹舍之屍山積，野草為之斑紅。」

諭書一下，群僚百姓，舉皆欣悅，相謂曰：「黎眞人應運而興，我等安於衽席矣。」其豪長相率而來朝者無數，群臣奏議興兵，太祖允旨。春二月，黎太祖駕幸濟水設伯祭㉕，親刑百萬，誓師曰：「行兵有法，將識兵情，兵隨將意，見賊勿退，見利勿爭；窮寇勿追，餌兵勿食；勿脅人妻女，勿探人貨財㉖；勿毀家居，勿犯陵廟。明朝將佐，必獲勿容；彼若投降，聽其錄用；勿赦有罪，勿殺無辜。一有所違，雖功不宥。（昔則明成祖幸龍江誓衆，此則黎太祖幸濟水誓師，前後遙遙相對。）」誓畢，命黎善、趙扆、阮濟等調護太子，守六花城，自率三十六將軍，兵馬六萬，隨駕親征。正是：

風隨玉輦笙歌迥，雲擁戎輅劍佩高。

未知親征如何，且聽下回分解。

【校勘記】

❶「將任」甲本作「諸將」。又「勸黎利不聽」乙本作「勸黎利卽皇帝位，利不從。」

❷「各各」原作「各」字，據甲乙本改。

❸甲本「王」作「君」，「輔」作「臣」。

❹「蟲」字甲本作「蜂」。

❺「脫」甲本作「挽」。

❻自此以下至兩雙行註及正文，甲本並一概脫去。

❼「宴息」乙本作「歇息」。

❽「利」原作「我」，據乙本改。

❾案「戊戌」為永樂十六年，甲本作十九年亦誤。

❿「發」甲乙本作「莾」。

⓫甲本無「焚香」二字。

⓬「步」原作「部」，據甲乙本改。又「兵馬」下甲本有「都督」。

⓭甲本無「農文歷為後部大將軍」一句。

⓮「使」字據甲乙本補。

⓯「兼」字據甲乙本補。

⓰「龜」字原作「龍」，據甲本改。

⓱「義芻禮狗」甲乙本作「禮芻義狗」。

⓲「維」字甲本作「方」。

⓳「慘」字原作「參」，據乙本改。

⑳「貪蠹」甲乙本作「爭蠹」。
㉑此句「逼」甲本作「迫」，乙本作「擁迫狗衆庶之推」。
㉒「邦」甲本作「郊」。
㉓「兆庶」甲乙本作「兆姓」。
㉔自「增補」字下至「斑紅」二段文字並據甲乙本補。
㉕「駕」字據甲乙本補。又「濟水」甲本並作「洛水」。
㉖「勿採人貨財」甲本作「勿掠人財貨」。

第四十回

阮軍師❶設計下城　蔡降將獻謀傳檄

却說黎太祖大駕親征，前呼後擁，左護右衞，青羅紅傘，黃鉞朱旗，堂堂一太平天子儀衞，百姓望其行塵，焚香拜伏，室家簞食，士女玄黃，以迎王師，往來不絕。太祖慰喻遣還，父老曰：「不圖今日復覩官軍！」皆遮擁滿路，駕不得進。時義安鎭守蔡福❷覘得消息，飛馬告急東都，再飭下州縣，整兵迎敵，守令畏太祖聲勢，不敢拒戰。阮廌引兵前進，直抵義安城外二十里下塞，遣徐方入城招降，蔡福聚衆商議曰：「黎利勢大，降與戰孰利？」都指揮朱廣曰：「兵未交戰，遽已請降，其有何理！莫若托以投降，觀其虛寔，然後定議❸。」蔡福善其計，令千戶李忠和與徐方❹投南寨來，小卒入報，阮廌喚士卒密囑畢，許李忠入，廌迎接，敍姓名坐定。忠曰：「蔡鎭守來日請降軍師，遣某先往約定。」廌曰：「蔡將軍先來款附，可謂知機之哲矣。」李忠曰：「鎭守❺注意於將軍久矣。」廌曰：「唯唯。」忠偷目見將士三五成群，飲博喧嘩，劍戟縱橫，倒棄地下，心自輕之，請告別。廌送出門，囑曰：「明日請❻公早來，某當迎候。」忠曰：「諾。」回至城中，將南軍事體說了。朱廣曰：「如此鎭守諸降，不爲世人之恥笑乎？來日擊之擒了。」蔡福依計，遣朱廣以兵一千出擊，己自引兵接應，各分付畢。且說阮廌送李忠出門返回，潘僚曰：「賊將詐降，軍師不足深信。」廌曰：「已知之矣。故令士卒懈怠，使彼心輕，然後用計擒之。」諸將信服。鷹喚范柳、范宴、杜容、阮❼產附耳囑訖。平明，鷹引一枝兵馬至城下，遣人叫蔡福出降，城上李忠罵曰：「我鎮守豈降汝軍❽乎？汝速來討死。」鷹❾假怒，命將士攻城。朱廣開門出戰，潘僚拍馬來迎，鬥四五合，潘僚阮鷹敗走，朱廣驅兵大趨，至南寨前，見一聲砲響，左邊阮產殺出，右邊杜容殺出，將朱廣圍住，背後蔡福整兵進來，被范宴出兵殺退。福走回本城，見范柳立城上言曰：「我奉軍師將令，已取城❿了，汝何不來降？」福失驚，下馬請降。阮產、杜容縛朱廣來，阮鷹入城，解廣縛，安撫百姓。福遣人報演州太守都指揮葺聚，鎮定太守⓫于瓚，鎮邊太守魯貴與千戶李忠⓬等各詣軍門請降，惟荼龍太守琴彭不肯受降⓭。鷹奏捷，太祖率群臣同至義安，蔡福等出門拜見⓮，太祖待為幕賓，朱廣等在軍中從事。鷹問福曰：「某欲先下清化諸城，後下東都，將軍以為何如？」福曰：「清化城池山川險固，難於對敵，莫若下⓯一檄書，彼若受降，不勞一卒，彼若不降，舉兵擊之，正謂兵有先聲而後寔者也。」鷹聽計，草檄傳發。檄曰：

武庚扇變殷奄，周公奮東征之旅；玁狁整居焦獲，吉甫興北伐之師；敵王愾而心同，與賊生而誓不。鷹等恭承王命，肅將天威，桓桓熊虎霜嚴⓰，捧朱旗而直指；貔貅雲擁，揮白刃以于征。雖黃河之水障千尋，投鞭可斷；赤縣之金城千里，舉楫能清。以至仁伐至不仁，猶秋葉疾風之掃；取大義征大不義，正春花苦⓱雨之摧。其止如山，所臨無敵。爾明寇上自都護布按參政，下至巡撿守令并兵，各自省身，率同聞命。回心向化，庶無堂燕之災；束手受降，尚免⓲池魚之禍。如其執迷不順，舞智自神，大將徂征，網一張而盡打，天戈所指，童三尺以無遺。檄到如⓳章，汝皆自勉。軍師兼掌軍國事務阮鷹檄。

檄書傳發各道，淸化守將羅通激怒大罵，欲引兵迎敵，只恐勢弱，不敢出，惟得將道路塞絕，堅守而已。檄傳至東都，黃福聞得⑳，言曰：「南國人才何其多也，其勢不堪久屈，我等莫能安枕矣。」總兵李彬曰：「奉君之命，重鎭邊陲，豈應坐視鼠輩之辱乎？」黃福曰：「昔張英公累次欲戰之，某想誘彼相投，使爲我用，不意今又起兵稱亂㉑，不得不除。」（黃福此時耐不得了。）李彬曰：「尚書以事聞，某遣兵拒之。」乃遣都督朱榮、都指揮陳忠以三萬兵馬往征，御史黃宗載參贊軍務，李彬囑曰：「蠻寇變詐非常，宜謹愼而行」。諸將聽令，即日起程，涉水登山，不厭艱苦㉒。正是：

幾度征塵山色暗，數番角嚮水聲寒。

未知此去如何？且看下回分解。

【校勘記】

❶「軍師」甲本作「将軍」，下同。
❷「蔡福」二字據乙本補。又甲本「時義安」至「迎敵」一行文字脫去。
❸「定議」甲本作「定計」。
❹「徐方」甲本作「徐政」。
❺「鎮守」甲本作「黎将軍」，乙本作「蔡将軍」。
❻「請」原作「諸」，據甲本改。
❼「既」原作「杜」，據甲乙本改。又「囑訖」甲本作「如此」，乙本作「如此如此」。
❽「豈降汝軍」甲乙本作「豈有降汝輩」。

⑨「假」字據乙本補。

⑩「城」字下乙本有「多時」。

⑪「都」字下九字據甲乙本補。

⑫「與」字下五字據甲乙本補。

⑬「降」字據甲乙本補。

⑭「拜見」甲本作「拜謁」。

⑮「下」字甲乙本作「傳」。

⑯「霜嚴」原作「嚴霜」，據甲乙本改。

⑰「苦」字原作「喜」，據甲乙本改。

⑱「尚免」甲本作「庶免」。

⑲「如」字原作「數」，據甲乙本改。

⑳「得」字下甲本有「此事」。

㉑「稱亂」甲乙本作「唱亂」。

㉒「艱苦」甲本作「勞苦」。

下集二十回❶

第四十一回

攻琴彭軍師勝績　討朱榮太祖敗軍

却說蔡福見清化守將羅通❷不肯受降，入奏太祖，將兵擊之，願爲先鋒。太祖請軍師商議，阮廌曰：「臣欲先攻清化，後討東都，聞有細作回報曰：『茶龍守將琴彭擁兵太重，幾欲來攻。』若大駕親❸征，彼即乘虛竊發，此時腹背受敵，難可維持，臣請將大隊兵馬，先取茶龍，然後進攻清化未遲。」太祖曰：「善。」廌命段莽、潘僚、車三以五千輕騎進發。早有探子報入茶龍城中，琴彭曰：「黎利得蔡犬來降，自爲得意，我誓殺之，不肯降也。」言畢，見小卒入報：「賊兵已至界首。」琴彭率指揮何亮、監軍朱並以三千兵出城下寨。阮廌亦至，布列陣勢，命潘僚去左邊，沿山埋伏；車三去右邊，依林埋伏；令段莽挑戰，誘至伏間，舉砲出擊。二人去訖。廌❹與段莽直至北寨前，喚守將答話。琴彭開出寨門，立于陣中，左邊何亮，右邊朱並，甚是雄健。廌曰：「我承王命，提兵問罪，守將何不早降？使全三軍性命。」琴彭曰：「你是蠻狗，敢自稱將稱王❺，我特斬你首耳。豈有降你。」廌佯怒，使段莽出戰，兩邊鼓角齊鳴，戰五六合，莽佯走。

琴已知其詐，不趨，莽回馬罵曰：「汝死何不追殺？」彭曰：「豈不知狗狗用計，誘至險中，伏兵攻之。」鷹見彭說破，令人招潘僚、車三引兵搜來，左右露戰，再使莽鳴鼓挑戰。琴彭拍馬挺❻刀來迎，鬥至百餘合，不分勝負，忽見左❼邊潘僚引兵殺入，何亮挺鎗拒戰；右邊車三殺入，朱並提力出敵，六將叫殺喧天，噉聲震地。這何亮安能抵得潘僚，被一刀斬於馬下，朱並與車三戀戰，精神加倍，車三心生一計，撥馬便❽走，朱並趨來，車三按劍取弓，插箭射去，中朱並馬眼，馬痛嘶奔，朱並落下，被南軍生獲。二人趨入，琴彭抵敵不住三人，撥馬走入城中，拽起吊橋，堅閉不出。鷹令軍負土填壕，以雲梯附城而登❾，城上琴彭令砲石擊下，雲梯斷絕，升之不得，鷹令掘坎穿入城中，琴彭令將士❿鑿濠于城內，軍不得入，一連三四日，攻打不下。鷹乘馬繞城遍觀，回寨，喚段莽囑曰：「公以一千兵往西門埋伏，見東門火起，以雲梯登城攻之。」莽去訖。再命「潘僚、車三引兵伏柴斷⓫，草堆積東門，向入城中，佯爲焚城。」琴彭在敵樓上望見，令將士曰：東門城郭稍裂，賊今積草焚城⓬，汝等最宜謹守，係見火起，急來救應。」琴命士卒汲水貯于東門內，至三更時，鷹遣潘僚放火焚柴，火光衝天⓭，琴彭率將士來救。西門空虛，段莽遣軍附梯登城，殺入城中，軍士叫曰：「城內有變」⓮。琴彭失驚，引兵回戰⓯，被段莽一鎗刺死，殺散北兵⓰，開出城門，放下吊橋，阮鷹麾軍直入，叫曰：「軍士降者免斬。」北兵請降，得六千人。直至天明，茶龍州定，鷹出安撫百姓。忽見一陣旋風，將黃旗吹倒，鷹袖一課，吃驚，喚段莽告曰：「主上被失⓱。公立即以一千兵倍道出演州，保護大王。」段莽聽命去訖。却說太祖命阮鷹將兵攻茶龍時，因聚衆議事，忽有哨馬回報：「北將朱榮引軍彌山遍野而來，今已抵冷水溪矣。」侍郎段發聞報，向前奏曰：「臣願引兵禦敵。」太祖曰：「賊勢大，即守城，朕自當之。」乃遣范柳、范宴、農文歷以兵一萬隨征，諸將領命⓲，扈駕啓行。段發率文武送出門外，返回，自思曰：「主上輕敵，恐或有失。」即喚杜容、阮產言曰：「公以二千輕騎搜出演州後道，接應主上。」二人聽令亦去。太祖引軍至黃梅，聞北兵已至竹垣，乃命范柳屯于左，范宴屯于右，自駐蹕于中以拒敵。會朱榮遣人細探，見太祖分兵三屯于黃梅，榮命御史黃宗載引兵挑[19]戰，陳忠以一萬兵搜出[20]左邊，攻左屯，自引一萬兵搜至右邊，攻右屯。分付畢，宗載[21]將兵前進，至黃梅，太祖命督戰鄧愛出戰，愛領命，直出叫曰：「汝何敢抗拒天兵。」宗載罵曰：「我來取汝輩首級。」愛大怒，挺兵衝戰，鬥至二十合，愛敗走，宗載趨來，太祖以旌招左右接應。花柳殺出，被陳忠從後[22]趨來，柳四兵交戰，范宴從右邊殺出，復被朱榮搜後戰至[23]，宴回兵拒敵，背後宗載殺來，宴措手不及，被朱榮活捉。宗載乘勝麾軍趨殺，范柳敗走，農文歷提刀來迎，朱榮、陳忠、宗載三面夾擊，文歷抵敵不住，撥馬便走，太祖獨力不支，棄輿上馬奔走。朱榮衝殺，斬數百人，打發陳忠調范宴回交趾訖，與宗載合兵追趨。太祖走至蓬渡，望後見塵土衝天，失驚，嘆曰：「前有阻水，後有追兵，今日休矣。」言了，見北兵追急，乃沿江望北而走，忽見一支兵馬，如追風而來，面前[24]一員大將高聲叫曰：「主上且喜，臣段莽奉軍師將令[25]，特來接應，主上請行。」太祖大喜，縱馬放過。背後朱榮殺來，段莽挺鎗出戰，兩邊叫殺喧天，不分勝負。忽見北兵陣後紛紛散去。杜容、阮產引兵殺入，朱榮、宗載失驚，敗走。段莽、杜容、阮產殺得北兵屍橫遍野，血流成河，三人合兵追朱榮至五十里不及，返回。范柳、文歷亦至，保護太祖歸義安。正是：

臣子盡忠圖報國，聖王多難始興邦。

未知北歸[26]如何，且聽下文便見。

【校勘記】

❶五字據甲本補。乙本缺本回至第六十回共二十回書。

❷「羅通」二字據甲本補。

❸「親征」甲本作「遠征」。

❹「鷹」字上甲本有「阮」字。

❺甲本「敢自稱將稱王」作「敢自稱王」。

❻「挺」甲本作「舞」。

❼「左邊」甲本作「江邊」。

❽「便」甲本作「佯」。

❾「附」原作「負」，依甲本改。又甲本作「附而城上」，無「城」、「登」二字。

❿「士」字據甲本補。

⓫「斷」甲本作「斬」。

⓬「琴彭」以下廿四字甲本以「城」字誤跳一行。

⓭「焚柴」以下六字，甲本作「起急來救應」。

⓮「有變」甲本作「已得」。

⓯甲本無「引兵回戰」四字。

⓰「兵」原作「門」，依甲本改。

⓱「主上」甲本作「大王」，下同。

⑱「領命」甲本作「聽令」。

⑲「挑」原作「跳」，依甲本改。

⑳「出」甲本作「至」。

㉑甲本無「宗載」二字。又「分付」下有「已」字。

㉒「後」甲本作「左邊」。

㉓「戰至」甲本作「來戰」。

㉔「面前」甲本作「前面」。

㉕「奉」原作「奏」，依甲本改。又甲本無「将」字。

㉖「北歸」甲本作「歸義安」。

第四十二回

阮廌謀襲臨洮州　農歷智取端雄府

却說朱榮、宗載敗回清化，羅通出接，收兵散失八千餘人。然前得一勝，生擒范宴，捷報東都。李彬大喜，請就交趾戮宴以狥衆，乃自親往交趾。陳忠曰：「范宴勇士，姑舍用之。」宴大罵曰：「我黎朝❶臣子，恨不得殺汝以謝交人，豈有致汝犬輩❷用乎？」李彬大怒，自拔劍來斬，宴至死，罵不絕口。時人有詩吊之云：

牙旗風落影沉沉，血濺征袍罵不禁。
只為事君無二用，死生驚惧付無心。

李彬斬了，回城中，激厲士卒。早有凶信報入義安，太祖聞之，放聲大哭，令軍中設祭，親臨奠，哭甚哀，將士爲之涕泣。祭畢，太祖議興兵報仇。阮廌曰：「清化諸郡未下，請引兵攻之。」蔡福曰：「羅通恃險，不肯臣服，阮廌亦班師還，今又得朱榮宗載自衞，謀圖固守，難於戰鬥。臣請取道❸先襲交趾，後攻東鄉，則清化不攻而自破矣。且清化乃大王湯沐之地，不可交兵，恐傷和氣。」太祖曰：「蔡將軍言是，出攻交趾，斬李彬之頭，以雪朕恨，」即命軍師阮廌、參議潘僚、大將軍農文歷、平寇將軍車三、威敵將軍阮濟以二萬兵出攻交趾。

己亥二年，（明永樂十八年❹。）春正❺月，阮廌引兵自五嶺進發，旗旌遍地，戈甲連天，所到郡縣，望風遁走。軍至回湖，被大江隔阻，鷹命屯駐，分派❻軍士撥取船隻，結造浮橋，以候濟師。時有臨洮守將梁成諜得聚衆商議，參將蘇康曰：「此城是交趾後障，賊不攻交趾而先攻此城，最爲上策。（若先攻交趾，汝卽隨後攻之而已。）❼倘有疎虞，則交趾難保，茲乘賊初來，半渡擊之，以挫其銳。」梁成依計❽，令蘇康引兵出擊，自隨後接應。康聽令，進至江邊候敵。鷹望見江岸有備，喚僚言曰❾：「公以一千兵由林中而行，出下流，候昏夜，撥船渡江，搜至臨洮左邊埋伏；車三以一千兵而上流暗渡，搜至右邊埋伏，望見江中火號，將城襲了。」二將去訖，鷹再令軍士束草爲人，手持砂竹，列在船筏兩旁。至二更時❿分，每船筏各四人，二人秉燭，二人擧棹在前，大兵隨後，鳴鼓喊聲，麾軍更渡，北兵望江中燭影齊明，人聲共響，如千萬雄兵進渡，夜間不知所措。蘇康急遣人回招梁成，一面令軍士⓫齊發弓弩，射下半晌，矢鏢俱盡。只見南軍鼓喊喧天，近逼北岸，農文歷提刀躍上，蘇康挺鎗來迎⓬，將文歷圍住，鷹麾軍大進，阮濟捧開路⓭刀飛身直上，殺入重回，左衝右突，如入無人之境，望蘇康一斬⓮，分爲兩段，北兵散走。梁成引兵接應，至途中，知蘇康已失，走回至城外，見城上火燭輝煌，盡是南軍旗號，一人叫曰：「大將軍僚取了城矣。何不早降？」梁成失驚，沿城外而走，背後文歷趨來，斬梁成於城⓯下。平明，鷹引軍入城，百姓伏道拜謁，鷹慰喻畢，就堂中，見美女三十餘人，乃是梁成脅取民女，充爲已有，鷹令放出（可惜！可惜！）復命潘僚車三引兵四出，平諸郡縣。數日，僚遣人回報：「諸縣各已先遁，不勞費力，惟端雄守將謝光擁兵甚衆，不肯臣伏。」阮鷹曰：「誰人敢去破敵？」農文歷請往，鷹曰：「謝光兼人之勇，將軍當不得，除非段莽不可也。」歷曰：「軍師何長他人之銳氣，而滅自己之威風，某去，若不勝，請甘軍令？」鷹曰：「既如此，我許三千勁卒，斟酌而行，愼勿有誤。」歷押下軍令，引兵進去。時端雄百姓有人諜得，奔告守將謝光。光曰：「賊恃強，不思後患，至則死矣。」乃遣偏將枚德將兵于城後山頭屯住，令監將劉垂以三百勁兵往臨川埋伏，賊至擊之，先奪其氣。二人去訖，自整兵環列府城守護。農文歷軍至扶寧，見山林險惡，不敢驟進，即喚土⑯人問路，時土人吳迵恨謝光逼取其女，告曰：「此道臨川有伏兵，將軍破之，方可得行。」文歷命吳迵⑰向道，令指揮鄭⑱法將兵取道前去。歷分付士卒直夜進⑲至臨川，見砲響一聲，伏兵齊起，當頭乃劉垂，歷挺兵⑳來迎，與劉垂鬥至二十合，後面鄭法分兵圍住，殺入刺死劉垂，北兵退走不得，盡請降。歷曰：「汝引我㉑詐回取城，免斬。」北兵聽命。歷自縛一小卒，使北兵先行，南軍隨後，回至端雄右門，叫曰：「小將㉒捉了賊將解回。」城上士卒秉燭照之㉓，見的是己兵㉔，再有囚犯，遂開門，文歷麾兵擁入，殺起，謝光知變，開前門出走，背後文歷趨來，北兵背水溺死無算。謝光勢逼，自投于玉燭江口，亦溺。山上枚德引兵下救。被鄭法一刀斬了，諸軍盡散。吳迵從軍向道穿入城中㉕，救得女子，出門還回(此時已罹碎桃花一度了。)

文歷克端雄府，平明，遣鄭法往諸縣投降，諸縣令聞端雄失守，皆詣軍門請降。歷留軍與鄭法守端雄，自引各縣令回臨洮，阮鷹出接應㉖，言曰：「將軍何成功之速耶！」歷曰：「非有軍師之檄，未必可勝。」鷹大笑，共入城中，諸縣令俱入拜謁，鷹承制換刻憑篆，許回原位，諸人領命去訖。鷹欲議攻交趾，忽有哨馬回報：「宣化諸州盜賊大起，請軍師舉兵除之。」鷹即報捷，疏奏朝廷。請差侍郎㉗段發出攻交趾，自引兵平宣化。正是：

悠悠人事無常定，擬向瀟湘反向秦。

．未知此回如何，且聽下文便見。

【校勘記】

❶「朝」字據甲本補。

❷「犬輩」甲本作「輩犬」。

❸甲本無「取道」二字。

❹「十八」甲本作「十九」。

❺「正」甲本作「二」。

❻「派」字據甲本補。

❼甲本無注，下同。

❽甲本「依計」下有「而行」二字。

❾「喚僚言曰」甲本作「喚潘僚告」。

❿「二」甲本作「三」，「時」甲本作「夜」。

⓫「軍士」甲本作「士卒」。

⓬甲本無「來迎」二字。

⓭「路」甲本作「大」。

⓮「一斬」甲本作「刀」。

⓯「城」甲本作「馬」。

⓰「土」原作「山」，依下文及甲本改。

⓱甲本無「命吳逈」三字。

⓲「鄭」甲本作「鄧」，下同。

⓳「進」甲本作「追」。

⑳「兵」甲本作「鎗」。

㉑甲本「我」下有「兵」字。

㉒甲本「將」下有「已」字。

㉓「照」甲本作「燃」，又「之」字依甲本補。

㉔「的是己兵」原作「是己兵的」，依甲本改。

㉕「穿」甲本作「突」，又甲本無「中」字。

㉖「應」字據甲本補。

㉗甲本無「侍郎」二字。

第四十三回

王守將交還宣化　段侍郎攻下國威

却說宣化守將王玉聞得阮鷹攻下諸郡，大怒，欲舉兵收復故地，哨馬回報，阮鷹疏奏，命車三守臨洮，自驅兵至宣化界首，見王玉布立屯寨，守備甚嚴。鷹遣阮濟引兵挑戰，王玉出❶馬陣前叫曰：「汝貪得無厭，犯吾境界，欲討死乎？」濟不答，挺鎗來迎，玉提刀出戰，兩馬交鋒，至五十合，勝負未分。鷹鳴金收軍。濟退回本陣，問曰：「某未輸了，軍師何故收軍？」鷹曰：「我兒王玉劍法諳閑，當以計取，不可以力取❷。」乃喚諸將授計前去，來日，令農文歷復出叫曰：「我奉軍師將令，來取汝首級，汝敢戰麼？」王玉激怒，挺刀出戰，二人鬥六七合，歷撥馬走，玉叫曰：「犬犬不大言乎？」歷輪刀復戰，至三四合，復走。玉趕來，歷回顧言曰：「汝敢來此，我即碎汝首領。」玉盛怒，俛首而追，至赤土❸，不見文歷，聞一聲砲響，駐馬立看，山頭閃出一人，言：「軍師在此，何不早降。」玉顧山脚左右，不見一人，即麾軍殺上山來，鷹令弓弩射下，玉三四五❹次欲上不得，軍士困倦。鷹舉紅旗一招，左邊阮濟殺來，右邊潘僚殺來，玉左遮右擁，精神益倍；文歷在山上張弓揷箭，望王玉一射，中頭上金盔，翻身落馬，被潘僚活捉，北兵走散。鷹下山回寨，軍士調王玉至，鷹親解其縛，言曰：「將軍不聽吾言❺，必至於此。」玉曰：「人力若盡，必歸之天；鳥未遇弓，何驚曲木。」鷹見言詞慷慨，推之同坐，命取酒壓驚，玉不飲，阮鷹引⑥回城中，交還兵糧器械等物告別。鷹固留，玉不止⑦，懷憑勅印篆投東都去了。鷹得宣化，停留鎮撫即縣⑧百姓，遣人回聽交趾消息。却說⑨太祖在義安見阮鷹疏奏，命段發、范旦、杜容、阮產以六千精兵出攻交趾，段發等欽命，引兵進發。光是交趾守將右⑩參政馮貴、右參將⑪侯保知臨洮失守，即遣飛騎⑫回報東都，李彬、黃福遣人就清化召朱榮、黃宗載急回禦敵，榮等得驛書急⑬引兵回交趾。時則河北諸郡盡失，榮遣馮貴守多邦，拒臨洮之兵；命侯保守三帶，拒宣化之面；指揮陳弘守國盛，拒內道之兵。段發倍道引兵潛出國威府，時指揮陳弘與太守何致⑭不意，無有防備，段發卒至，二人引兵出遊，士卒驚恐，不敢出戰。發揮軍直入，陳弘敗走，背後范旦趨來，張弓一射，中腦後，弘落馬死，何致被杜容所殺，四人合力追戰⑮，克國威府，北兵敗回交趾⑯。宗載驚曰：「兵如從天⑰下。」即遣朱榮禦諸險要，以俟奏聞。朱榮去了⑱，宗載自思曰：「連年征戰不休，寔由官吏激成禍亂。」自上言曰：「交趾人民新入版圖，勞來安集，尤在得人。前則馬騏索貢擾民，故三年間叛者四五起，而黎利兄弟最劇，後則郡縣⑲官多兩廣、雲南貢舉，未歷國學，遽授遠方，牧民者不知撫字，理刑者不知律意，若俟九年黜陟，廢弛益多，宜令至任二年以上者，巡按御史及布政⑳二司嚴加考核，上其廉汚能否，以憑黜陟。」疏奏，成祖允告，遣使往安南宣慰百姓，痛責官吏，再勅豐城侯李彬曰㉑：「叛寇黎利、阮鷹、車三、潘僚、農文歷等，迄今未獲㉒，宜盡心籌畫方略，早滅此賊。」

庚子三年（明永樂十九年）㉓夏五月，明使奉詔往至安南，黃福、李彬進入宮中拜領開看，忽有三帶守將侯保飛報黎賊攻打甚急，請總兵救應。正是：

宮中雲會承天詔，門外風傳報戰書。

未知請兵救應和何，且聽下文分解。

【校勘記】

❶「出」甲本作「飛」。
❷「取」甲本作「勝」。
❸甲本「赤土」下有「山上」二字。
❹甲本無「五」字。
❺甲本無「吾言」二字。
❻「阮鷹引」原作「引阮薦」，依甲本改。
❼甲本「懷」上有「自」字。
❽甲本無「郡縣」二字。
❾甲本「説」下有「黎」字。
❿「右」甲本作「左」。
⓫「將」甲本作「政」。
⓬「騎」字依甲本補。
⓭「急」字據甲本補。
⓮「致」甲本作「志」，下同。
⓯「戰」甲本作「趕」。
⓰甲本無「交趾」二字。
⓱甲本「天」下有「而」字。

⑱「去了」甲本作「疑事在」三字。

⑲甲本無「郡縣」二字。

⑳「政」原作「按」，據甲本改。

㉑「曰」字依甲本補。

㉒四字依甲本補。

㉓「十九」甲本作「二十」。

第四十四回

拒多邦馮貴殞命　守三帶侯保捐身

却說侍郎❶段發下了國威，欲引兵襲交趾，被朱榮將大兵拒險，不肯與戰，凡二閱月。發見戰不成功，命范旦守國威，自❷驅兵往傘圓山出攻多邦，時多邦守將乃湖廣武陵人馮貴，舉進士，爲給事中，陞交趾參政，能撫戢流民，歸附者衆，募得土兵❸二萬餘，皆勁勇習戰，後中官馬騏疾之，奪其土兵，及段發來攻，貴告急請兵。馬騏惟許數百羸卒來附，貴引兵出門外布陣，發令杜容挑戰，容進至陣前言曰：「大將至此，何不來降！」貴曰：「我天朝臣子，名教中人，只爲許遠、張巡，豈效李陵、衞律，爲顧常山❹古，爲嚴將軍頸❺，此是大夫素志，如此情況❻，誨汝知之。」杜容曰：「公既中朝科榜，豈不知順逆之理乎？且張輔、黃福狼子野心，托名救溺興衰，寔則占州剬郡，荼毒黎庶，膾炙生靈。我奉天威，掃除逆黨，公宜速去，回覆明君，俯❼首來降，以免一邦屠戮，不然，大❽兵所至，玉石俱焚，勿悔。」貴大怒，提刀來趨❾，容不忍交戰，麾兵趨來，將馮貴圍住，貴左衝右突，力竭，乃拔劍自刎而死。段發惜其人❿忠義，命將士取棺槨葬于青梅中區。至太祖得國，封爲吳王，使立廟于所在，令民四時享祭。時人有詩吊云：

此地曾經百戰功，壁鷗倚馬幾英雄。
可憐無主城邊骨，北將諸臣亦夢中。

段發下多邦了，遣人入城屯住，忽見阮鷹馳檄回報：「整兵列拒江邊，臨期往攻三帶。」段發得令，引兵應侯⑪。却說阮鷹平宣化之時，被儂人反覆不常，故停留二三月間，撫戢方定，然後順流下攻三帶。時三帶守將乃眞定贊皇人侯保，由國子生知廣城縣，有善政，明初設交趾郡縣時，擇人撫治，陞交州知府，遷參政，朱榮命守三帶，保飭民兵，築屯于要害禦之。阮鷹進兵至底江，見南岸寨柵相連，欲渡不得，密報段發佯爲造浮橋渡江⑫來攻，侯保盡撥所在沿江防護，李彬亦引兵至，其勢大盛，二邊相持二旬日，鷹告諸將曰：「逆寇如斯，豈應坐視，來日布陣水戰而上。」諸將領命，整頓船筏⑬，平明，擂鼓三通，砲發一響，麾軍直渡；李彬引兵逼江拒戰，北兵⑭在陸，南兵在水，戈戟之所不及，彬令弓弩射下，南軍不得上。此時阮鷹坐在船頭視戰，被流矢中頂上，落下船來，諸將救起，幸矢粘巾外，無恙。鷹令鳴金收軍回寨，喚諸將授計，令軍中宣言軍師被流矢歸神，舉哀⑮發喪，遣農文歷分兵伏于左右，今夜賊必來刼寨，舉號擊之，自與阮濟引兵下舟⑯出去，軍士聽命，建一白旛，軍皆素服。（前日福祿城中建一白旛，是鄧悉眞死，今日黎兵城外建一白旛，是阮鷹假亡，一生一死，前後遙遙相對。）⑰早有流言報人北寨⑱，李彬曰：「賊被矢時，我欲躍下殺之，爲舟隔地遠，故捉不得，今賊既死，夜來刼寨，斬尸首將回，梟于東都，以償昔日諸城之失。」即飭三帶守將侯保將軍應侯，不半晌，侯保至，彬曰：「公今夜引兵來奪，阮鷹之屍，我隨⑲後接應。」侯保曰：「賊將多謀⑳，不足盡信。」彬曰：「眞斃了，何爲不信？」侯保再三勸諫，李彬厲聲叱曰：「汝與賊通謀，不然，何以推諉？」保不得已，至二更時分，人啣枚，馬去鈴，放下浮橋，渡過底江，進至立石，透入南寨，不見一人，吃驚欲退，忽見㉑一聲砲響，文歷麾兵殺出，保左衝右突力竭㉒，被文歷㉓一刀斬了，時阮鷹聞得砲聲，命阮濟渡浮橋叫曰：「請李將軍將兵救應㉔，侯參政㉕兵來，爲彼堅守，奪之未得。」李彬聞言，即引兵渡江來，鷹令阮濟殺上北寨，將橋斬絕，李彬至半途，見殘卒敗回，言：「中賊計，侯保死了。」彬失驚退走，背後文歷趨來，彬走至江邊，浮橋已斷，奪路望北而走，北兵背水死者無數，歷尋不見李彬返回，阮濟放舟渡文歷，平明，進克三帶州。正是：

無計李彬能不死，有謀侯保便㉖捐生。

未知克三帶如何，且聽下文便見。

【校勘記】

❶甲本無「侍郎」二字。
❷「自」字依甲本補。
❸「兵」甲本作「人」，下同。
❹「山」原作「鄉」，據甲本改。
❺「頸」甲本作「頭」。
❻甲本無「如此情況」四字。
❼「俯」原作「撫」，據甲本改。
❽甲本「大」上有「則」字。
❾「趨」甲本作「迎」。
❿甲本無「人」字。
⓫「候」甲本作「接」。
⓬「江」原作「兵」，據甲本改。

⑬甲本無「領命」二字，又「筏」甲本作「隻」。

⑭「兵」甲本作「寇」。

⑮「哀」原作「皆」，據甲本改。

⑯甲本作「下舟引兵」。

⑰甲本無注。

⑱「北寨」甲本作「城中」。

⑲「隨」字依甲本補。

⑳「謀」甲本作「詐」。

㉑「見」甲本作「聞」。

㉒「力竭」二字依甲本補。

㉓甲本無「文歷」二字。

㉔「救應」甲本作「應接」。

㉕「侯參政」甲本作「侯保」，又甲本「兵」上有「將」字。

㉖「便」甲本作「更」。

第四十五回

國威軍艾❶麥成功　諒山戍採薪失守

却說阮膺克三帶州，分人❷招撫各縣，再遣阮濟搜捕李彬。時李彬大敗，只得單騎遁走，披草穿山，行甚辛苦，及至東都，已幾旬月，悔恨不已，轉念曰：「皇上勅我討賊，反至失軍折將，而糧餉所費者多，不成甚事❸。」幸得先是上言：「交趾地荒遠，不通餽運，乞依各都司衞所例，分軍屯田，以供糧餉，度地險易屯守征調之多寡。」成祖從之，彬乃令各司占守慈廉、福壽等處肥田，奪其牛牢，分人耕種。至此，見田禾盛茂，幾已黃熟，中心稍安❹。

辛丑四❺年（明永樂二十年❻）夏四月，段發駐在國威，久不得戰，糧運煩數，乃遍飭諸將，以民兵四千人，整備刀鎌繩索，及時艾麥，諸將問曰：「何麥可艾？」發曰：「賊將占奪民田，種稼菽麥，不獲何置？」諸將領命整備訖。發曰：「杜容以一千兵出福壽縣，尋處埋伏，拒前面救兵，阮產以一千兵出慈廉縣❼埋伏，截後面救兵。」二人聽命，清❽夜前去。發引四千人宵行，平明到處，麾軍盡獲，北兵見之，呼喚喧❾天，發令盡縛。獲至午時，福壽縣令尹文職聞之，引兵來迎，方出三度外，見砲響一聲❿，杜容起兵殺出，將尹職圍住，職衝突不過，被擒。敗軍奔來慈廉告急，慈廉令王調失驚，率軍來戰，軍至芳溪，阮產伏兵殺起，生擒王調，軍士走散，二人解職調就田間，日暮，發遣諸將載麥返回，令人以墨炭塗尹職、王調面上斥去。調職奔來交趾，叫曰：「蠻寇⓫盡獲官麥，將回國威去了。」朱榮大怒曰：「鼠輩怎敢如此！」即令陳忠以三⓬千輕騎來刼國威，先斬首蠻寇⓭，後將麥⓮回，陳忠辭難，榮曰：「賊今得志，必不防備，擊之決勝，汝先去，我隨後接應？」忠聽令引兵去。時段發得麥無數，遣民兵將入山寨中蹂踏，再令杜容、阮產分兵伏于府城左右，以候迎敵，容曰：「無事何伏兵爲？」發曰：「我斥去縣令，必奔交趾告急，朱榮性急，耐不得，意以我不防備，今夜乘虛來刼⓯寨，決然矣。」二人信服，引兵去。至三更時分，陳忠引兵奔來，殺入城中，不見動靜，驚訝欲去，忽見鼓聲震動，左右杜容、阮產殺來，將陳忠圍住，忠冒死殺開一條血路出走，遇朱榮言中計，榮激怒曰：「回兵殺之。」言未了，忽見一聲砲響，段發⓰殺入，榮忠敗走，發殺得北兵抛棄衣甲無算，段發命士卒收拾衣甲器械將回，則東方始白矣。乃令打點械杖，得三千餘，麥糧得萬餘斛，令范旦搬運回義安，一面差人報三帶軍師知會。時阮鷹安集州縣已定，見段發報書甚喜，與諸將言曰：「段侍郎其功甚大，我等豈可讓乎？莫若因郡縣稍平，引兵攻諒山府，盡去羽翼，然後再圖中州，方可成算。」文歷曰：「軍師言是也。」鷹命阮濟守三帶，自引兵望諒山進發。時諒山守將易光見南兵進至，即將城門堅閉防守，阮鷹命將士攻打不下，自使軍士⓱百般辱罵，易光在城上亦令軍士痛罵，一連三四日，兩邊角口，自寅至酉而回，鷹復遣人圍城攻打，三日不克，鷹登山見一古樹，緣上望入城中，見軍士東投西走，拔草折柴，心知城中柴草俱盡，回寨中，喚諸將授計，拔寨退去。易光登⓲敵樓上觀望，不見南兵動靜！即令人開門出探，無有踪跡，回報，光許軍士出城採薪，忽然南兵大至，北兵驚懼，奔入城來。此時鷹已遣文歷裝作樵夫，混與北軍入城了，自分兵四面攻打，易光整兵登城守護，適被文歷一劍⓳斬了，連殺五六人，北兵走散，歷叫曰：「易光抗拒王師，吾已殺⓴了，諸軍降者免斬。」士卒請降。阮鷹入城，北兵奔來拜伏，請回東都，鷹斥之㉑。正是：

一将啣冤空死去，三軍抱痛得生還。

未知兵回如何，且聽下文分解。

【校勘記】

❶「艾」原作「苃」，依甲本改。

❷「人」甲本作「兵」。

❸甲本無「不成甚事」四字。

❹甲本無「幾已黄熟」四字，又「中心稍」甲本作「心中甚」。

❺甲本無「四年」二字。

❻「二十」甲本作「二十一」。

❼「縣」字依甲本補。

❽「清」字依甲本補，又「聽」甲本作「領」。

❾「喧」甲本作「連」。

❿甲本無「砲响一聲」四字。

⓫「蠻寇」甲本作「賊将」。

⓬「三」甲本作「二」。

⓭「斬首蠻寇」甲本作「斬蠻賊首」。

⓮「将」甲本作「奪」，又「麥」下甲本有「取」字。

⑮「刼」甲本有「我」字。
⑯甲本「發」下有「驅兵」二字。
⑰「自」甲本作「再」，又「士」字依甲本補，下同。
⑱「登」甲本作「在」。
⑲「劍」甲本作「刀」。
⑳「殺」甲本作「斬」。
㉑「之」甲本作「去」。

第四十六回

李彬上疏欺成祖　范旦決水浸北兵

却說李彬在東都，先見朱榮申報❶屯田之麥盡失，後見諒山敗軍回言守將易光死陣，乃大驚，自思曰：「身爲鎭守，不措得一謀，致失了許多城池，損❷了無數將卒，咎得誰歸❸？」心生一計，上疏瞞過成祖曰：「今黎利等奔老撾，遣人求❹降，臣不敢許，進兵追捕。老撾輒遣頭目覽耆郎阻天兵勿入境，自謂請發兵索❺利送軍中，久之，竟不獲。伏望陛下大赦，俾得改過自新。」疏奏，成祖以爲老撾匿賊持兩端，詔黃福遣頭目至京詰之。老撾得詔，遣使奉表敍畢，成祖知李彬欺罔，尋召還朝❻待罪，以榮昌伯陳智代領鎭守。壬寅五❼年（明永樂二十年）春二月❽，成祖崩，仁宗即位，大赦改元。先遣使告訃安南，後勅赦黎利爲清化知府，其徒黨隨次陞擢，命內官山壽❾奉詔往安南諭利等。時山壽未發，訃音先至，陳智共會諸將設祭發喪。先是，朱榮深信李彬詭言黎利敗走，至是，朱榮來助祭畢，言曰：「某聞黎利自老撾還寧化州，僞求降不出，總兵以爲何如？」陳智曰：「公何愚之甚！利若果走，何將士日敗，城郭日薄，緩而不除，禍將至矣。」智因聚衆商議曰：「利今居在義安，其將佐❿盡出在外，宜令人協與羅通先攻利，利若失，則諸將易破矣。」保定侯孟英言曰：「總兵之計最善。」乃命都司都督方政昌江衞指揮伍雲以兵一萬，兼督清化諸道兵⓫討之，方政聽令引兵去訖。時太祖在義安，命諸將出攻外城，多得捷音，又得段發獲糧萬斛運回，糧兵備具，心中稍安。忽有哨馬回報：「北寇都督方政引兵犯境，漸近界首，請陛下遣將禦之。」太祖與群臣言曰：「賊久不見來，被我將佐攻之甚急，今又引兵至，此意欲先治其本而後攻其末也，誰人敢出戰。」段莽向前再拜請行，太祖允請，勅段莽、范柳、范旦以五千兵迎敵，莽等拜謝，引兵進至荼龍州。此時方政⑫設立寨柵已定，會天久雨不止，段莽分兵布寨，聚衆將議曰：「賊屯堅守，勢亦難攻，諸公以爲何如？」范旦曰：「試令柳將軍引兵⑬挑戰，觀⑭強弱如何，然後定計。」莽令范柳先出，柳引兵向前叫曰：「賊輩欲死，速出與我交攻⑮。」方政令指揮伍雲出戰，兩邊鼓角齊鳴，戰至五十合，未分勝負，范旦鳴金收軍，柳退回本寨。旦曰：「伍雲驍⑯勇好戰，來日用計勝之。」莽曰：「有何計？⑰」旦曰：「我移駐于山脚，遣人駐下道，將各溪澗壅絕，來日賊營泥濘，引兵擊之，必獲全勝。」莽聽計，令人去訖，旦再遣軍士伐竹結筏。平明，范柳搜出于左，范旦搜出于右，段莽居中，鼓噪大進。此時北兵駐于卑濕⑱，見水漲大至，浹盡北寨，高三尺許⑲，軍士奔走不定，各皆堀土拒築扞水。卒然南軍大至，伍雲失驚，捧方天畫戟涉水來迎，段莽麾軍乘筏殺來，伍雲抵敵不住，被段莽一刺⑳，死于水中，士卒散走㉑，范柳范旦驅軍左右殺至，將北寨圍住，方政大懼，便以追風馬開後門躍水快走得脫㉒，段莽等殺得北兵死者十七八㉓，即令往決壅水，水盡涸，三人收拾戈甲，將北兵陣死投于溪中，使流出大江放去。正是：

南將紅旗懸嶺首，北兵白骨葬江心。

夫知放去如何，且聽下文分解。

【校勘記】

❶「申報」二字依甲本補。
❷「損」原作「捐」，依甲本改。
❸「卒」甲本作「校」，又「咎將誰歸」四字依甲本補。
❹「求」甲本作「來」。
❺「索」甲本作「繫」。
❻甲本無「召」、「朝」二字。
❼「五」甲本作「四」。
❽「二十一」甲本作「二十二」。又甲本無「春二月」三字。
❾「山壽」甲本作「山春」，下同。
❿「佐」甲本作「士」。
⓫「清化諸道兵」甲本作「諸兵」。
⓬「方政」二字依甲本補。
⓭甲本無「引兵」二字。
⓮甲本「觀」下有「其」字。
⓯「攻」甲本作「鋒」。
⓰「驍」原作「驕」，據甲本改。
⓱甲本「計」下有「策」字。
⓲甲本「濕」下有「之地」二字。
⓳「高三尺許」甲本作「水深三尺」。

⑳甲本「刺」下有「落」字。

㉑「士卒散走」四字依甲本補。

㉒「得脱」二字依甲本補。

㉓「死者十七八」甲本作「七千人」。

第四十七回

報父讐五虎起兵　討國難❶一龍命駕

却說方政失利，走回清化，遣人申報東都。陳智驚曰：「賊何至弄虐如此，誰人爲我除之？」時有伍雲子伍月，現爲牙門將軍，聞父陣死，放聲大哭，向前叫曰：「臣請以死許國，報父之讐。」會有前茶龍守❷琴彭子琴克、諒山守易光子易明、侯保子侯立（此三子宜報阮鷹爲是❸。）馮貴子馮諫❹四人，其父俱以陣亡，各襲封爲校尉，見伍月痛哭，觸起孝心，舉聲大哭，亦請報仇。陳智憐之，權給爲五虎將軍，命陳忠監護，以六萬精兵進勦。五將領命，盡令軍士舉白旗素服，隨陳忠出征。時陳智有兩獒犬，高四尺，能曉解人意，猛而善搏人，異於常犬，（既有五虎，又有二犬。）以許陳忠，囑曰：「汝將此犬獵得黎利而還。」陳忠聽令，望清化進發，至靖嘉府，羅通、方政亦引兵來會，軍勢大振。時段莽等先勝于茶龍州，後引軍屯于竹垣，覘得北兵消息，急飛馬奔告❺義安，太祖會群臣議曰：「賊兵勢盛，朕宜親征，不然，諸將難敵。」司徒丁禮奏曰：「賊雖強梗，宜遣一大將征之，陛下不必勤勞聖駕。」太祖曰：「諸將恐難敵手。」禮曰❻：「請召黎四公來，敵❼敗必矣。」太祖曰：「黎善守六花城，不可輕去。且前善不肯受職，今安肯行，朕往一番，掃除妖孽，諸公勿阻。」丁禮不敢奏❽言。太祖命丁禮、黎豸守城，遣副都督黃義、參軍陳理以五千兵扈駕進往，軍士至黃梅，段莽率將士迎接，至于竹垣，太祖命陳理❾引兵前去，伐竹造棧橋，以侯兵渡冷水溪，出攻清化，命黃義爲前部，段莽爲左右護衞，范旦爲後部，范柳爲中部，四更造飯，五更起兵，諸將領命⑩去訖。却說黎善在六花城，有日登山觀覽，望見一陣殺氣，飛來飛去于清化，又有一朵慶雲，如一條龍悠揚奔走不定，善疑之，自袖奇門一課⑪，急下山，喚趙扈、崇光告曰：「汝將二千餘精兵，一則搜出冷水溪上，泓⑫白藤林靜伏，一則搜出下流埋伏，見賊至，起兵殺之，以救大王。」二人領命，倍道出去，心尚不信，及至伊處，密令人細作，回報北兵屯靜嘉，大王屯竹垣，來日進兵，二人驚曰：「相公眞神人也，明見萬里之外。」扈光各去埋伏。時太祖屯⑬竹垣，至五更，發一聲砲響，麾軍出沒，忽有哨馬報入靜嘉，陳忠令羅通、方政守城，自分兵五道進發，太祖方渡兵至科場，撞遇北兵，兩邊更不打⑭話，各麾軍交戰，叫殺喧天。伍月挺兵當先，軍皆殊死，黃義⑮敵不住，敗走，伍月趨來，太祖令指揮胡重出戰，被伍月一鎗刺死，段莽提刀飛⑯來，伍月未及措手，被段莽一刀斬爲兩段；（失一虎）陳忠見伍月已死，大驅兵殺來，於是琴克；易明、馮諫、侯立四將併力趨來⑰，段莽敵不得四將⑱，撥馬敗走，四人殺南兵三絕五斷，將太祖圍住。太祖惟存三百殘卒，衝突不得出，范柳引兵殺入⑲，被陳忠截住衝殺，柳敗走，後部范旦張弓揷箭殺人⑳，射死數十人，救出太祖，背後琴克趨來，旦挽弓㉑射中窩心，克翻身落馬，（失二虎）旦落荒便走。正是：

雙箭縱橫誅逆賊，一身奔走救君王。

未知奔走㉒如何？且看下文分解。

【校勘記】

❶「難」甲本作「賊」。

❷「守」甲本作「守將」，下同。
❸甲本無注，下同。
❹「諫」原作「康」，依甲本改，又甲本「諫」下有「此」字。
❺「告」甲本作「報」。
❻甲本脫去「賊雖」至「禮曰」一行。
❼「敵」甲本作「賊」。
❽「奏」甲本作「復」。
❾「以五千兵」至「陳理」一行，依甲本補。
❿「領命」甲本作「聽令」。
⓫「課」原作「裸」，依甲本改。
⓬「泓」甲本作「逾」。
⓭甲本脫去「靜嘉」至「時太祖屯」一段。
⓮「打」原作「訂」，據甲本改。
⓯甲本「黃義」下有「力」字。
⓰「飛」甲本作「趨」。
⓱「併力趨來」甲本作「殺來」。
⓲甲本無「四將」二字。
⓳「入」下原有「所」字，據甲本删。
⓴甲本無「殺入」二字。

㉑「弓」原作「馬」，依甲本改。

㉒「奔」原作「荒」，據甲本改。

第四十八回

隱白藤黎王❶神助　背洽水❷明將天亡

却說范旦救得太祖，太祖奪路，和得段莽、黎來等快走❸，至途中，見一美女被北兵所脅，橫死于道，太祖哭❹曰：「爲朕一人，致百姓殘酷。」自停住，堀土埋之。方畢，已見陳忠驅兵大來，先是趙扈將兵伏于冷水❺溪上，因戲作藩籬，截上流以伺魚，爲此溪水盡涸，太祖走至渡過，黎來斷後，將棧橋斬絕，北兵追逼，黎來措手不及，被陳忠斬了，再驅❻兵追趨。太祖奔走困倦，行不止，謂段莽曰：「力竭矣，爲朕一身，致❼諸將辛苦。」言了，見二三小卒奔來告曰：「黎一公被陳忠所殺。」太祖聞之大❽哭，昏絕於地，欲自刎，段莽勸強行，太祖不起。莽聞北兵逼近，叫曰：「大王請行❾，賊已至矣。」太祖曰：「大兄既死，朕生何爲？」言未❿了，陳忠驅獒至。莽不得已，抱太祖望白藤林一躍，入于叢中，兩⓫獒奔來，口啮足據，陳忠將藤叢圍住⓬，莽以劍掘土，置太祖臥下，自覆于上。陳忠令軍士斬伐，盡將鎗槊刺入段莽四肢，中十餘跡，血出濡漊，莽恐北兵知覺，自掬沙抱住鎗槊鋒頭，揉去血痕，忽有雙白狐自叢中躍出（范旦出獵，有雙黑狐走出，太祖入隱，有雙白狐躍出，前後遙遙相對⓭。）兩獒競奔搏去，陳忠怒曰：「使汝獵蒐，不意獵狐，留汝何用！」立斬二獒⓮，解兵追去，忽見一聲砲響，趙扈引兵趨來，忠等不意，聞⓯鼓噪震動山谷，引兵退走，趙扈追殺，易明挺鎗來迎，被趙扈刺死（失三虎。）扈見溪水盡涸，令後軍回拔去藩籬，然後追趨。太祖得曉，尋路走⑯入林中，遇范旦已收得殘卒一千餘，旦分三百人⑰護太祖、段莽回義安，自引兵伏于中路，以防追兵。此時忠等奔走，見溪水大漲，欲渡則棧橋無有，乃望南而走，至下流，又見砲轉⑱一連，驚天動地，鼓震如雷，崇光引兵殺出，侯立縱馬來迎，被光一鎗刺死。（失四虎）陳忠幸把⑲得木盾，撐來南岸遁去，北兵爭渡不得，背水死者塡溪，馮諫亦溺死于水中。（失五虎）時人有詩弔云：

白草黃沙血戰中，　戴天不共老孤忠。
征塵掩骨魂猶怨⑳，　五虎安能鬥一龍。

趙扈殺退北兵，尋不見太祖，左衝右突，撞遇范旦將兵趨出，扈問曰：「范將軍，大王安在？」旦曰：「某已遣人護回義安去了，將軍何得出㉑此？」扈曰：「四公差某就㉒上流救護大王，見賊至，某殺之。」旦曰：「何不追捉陳忠？」扈曰：「和我追之。」於是二人并力趨下，遇崇光，旦曰：「陳忠安在？」光曰：「爲某殺死侯立，故忠得渡溪去了。」三人自合兵，收拾器械，循至溪邊，見黎來傷死，范旦令軍士尋木棺殯殮，載回義安。太祖見之，放聲痛哭，三回四次㉓，絕倒地下，諸將救解㉔方甦，令城內城外發喪設祭。葬畢，太祖大恨，詔諸道起兵復讐，丁禮諫曰：「長公新喪，將士心驚，縱欲興兵，軍中畏懼；且賊折了五虎，其勢必大擧兵來㉕報復，而我謀臣武將，俱在於外㉖，今大王欲勤遠略，翌贊無人，臣恐人心既散，不可復收，大勢一分，不可復合，願大王思之。」太祖沉吟曰：「如此奈何？」丁禮曰：「爲今之計，宜寫書詐降，使彼不防，然後攻之，誠爲上策。」太祖允旨，先命寫書遣人往東都投降，後觀陳忠如何區處㉗。正是：

寔虛世局寧㉘須問，　勝敗兵家不足評。

未知此事如何，且聽下文分解。

【校勘記】

❶「王」甲本作「兵」。

❷「水」原作「溪」，依上文及甲本改。

❸甲本無「得」、「等快走」四字。

❹「哭」甲本作「嘆」。

❺「水」字依甲本補。

❻「驅」甲本作「提」。

❼甲本「致」下有「使」字。

❽「大」原作「太」，依甲本改。

❾「大王請行」甲本作「請大王行」。

❿「未」字依甲本補。

⓫「兩」字依甲本補。

⓬「陳忠」句原在「入于叢中」下，依甲本移於此。

⓭甲本無注。

⓮「立斬二獒」甲本作「立斬之，二獒已死」。

⓯甲本無「忠等不意」句，又「閙」作「忽見」。

⓰「走」甲本作「奔」。

⓱甲本「分」下有「兵」字，「人」下有「扈」字。

⑱「轉」甲本作「响」。

⑲甲本無「把」字。

⑳「怨」甲本作「怒」。

㉑「出」甲本作「至」。

㉒「就」甲本作「侯」。

㉓「三回四次」甲本作「三四五次」。

㉔「諸将救解」甲本作「群臣勸解」。

㉕甲本無「大」、「來」二字。

㉖「俱在於外」甲本作「俱出在外」。

㉗「區處」甲本作「處置」。

㉘「局」甲本作「事」，「寧」甲本作「無」。

第四十九回

黃尙書承詔還北　山招撫奉命如南

却說陳忠大敗，渡了溪時，回顧士卒，不見一人，失驚奔回靖嘉，點撰❶折了五虎，兵一萬餘，忠煩悶不敢出戰，自引兵回東都。陳智❷大怒，欲舉兵復讎，忽有天詔，宣召黃福還京，勅兵部尙書陳洽代交趾布按司❸事，仍參贊軍務。先是黃福治交趾，練兵治民，勞來❹戢訓，飭戒郡邑吏修撫字❺之政，中朝士夫以遷謫至者，必加調恤，拔其賢者與共事，中官馬騏恬勢肆虐，福數裁抑之，騏誣奏福有異志，明成祖知其妄，得寢。福居交趾十八年，設❻帳教學，弟子信從者衆，偶一日颶風，民家盡倒，福因唱一句云：「昨朝風雨家家倒，依舊墻垣。」時有交人黎公僎、林少碍從學在傍，碍❼應口對曰：「今日乾坤處處發，榮新草木。」福起入家中，告妻妾曰：「我將上疏請回貼覲。」妻問曰：「何謂也？」福曰：「我觀門弟口氣，南國必生聖君矣，久居，禍必不淺。」即遣徒弟整備行裝，數日上疏。言了出外，見門吏入報：「皇上念尙書久勞在外，召還。」福得詔欣喜，即日起程。交人有何❽盛恩者，扶老携幼送之，公僎、少碍送至隘留關，拜伏于地，號泣不已。黃福憐之，告曰：「我豈不欲久居，以淑諸子，但天詔召回，不敢違命。且子國旣有聖君，雖欲坐固，不能得，汝兄弟返回，不須以學爲勤，宜尋西北方有英雄豪傑者從之，足以顯名矣。」少碍曰：「先生何以知之？」福曰：「驗汝之對，乾坤非西北而何？」碍等始悟。

侯碍拜別返回，尋至國威相投，段莽引回，入謁太祖，以爲軍中從事。太祖分遣諸將行各道屯駐，時交阯參將保定侯孟英❾榮昌伯陳智聞之，議曰：「黎利既令人投降，又遣❿兵分屯各處，且日者朝廷咨報賜赦黎利，而招撫山壽未至，賊先後破茶龍、諒山幷各處州縣，守將力盡守⓫死者無算，今復反，宜遣人防截各道，俟山壽至，然⓬後計議確當以聞。」二人計議停當，見人報山壽至，二人出接，迎入帳中，設宴相待畢。壽奉詔至義安，先遣人咨報，太祖命范旦出接，留在館驛款待，范旦問曰：「上國封吾主何爵？」山壽曰：「皇上大赦，賜爲知府。」旦冷笑曰：「何其大也！」遂告別，入城中，以事聞。太祖與群臣議曰：「我暫領之，（皇帝暫知府號，可發一笑。）⓭以解百姓征戰之苦。」丁禮、黎豸對曰：「臣事陛下，欲樹寸功，俾光前世，今天下十分已得七八⓮，而陛下屈受知府，不知臣等所行者何職？」太祖曰：「朕豈不知，第念諸將辛苦兵⓯戈，士卒橫罹鋒鏑者也。」群臣固爭，太祖曰：「容朕思之。」諸將謝出。段莽至館驛，山壽安然不起，怒曰：「汝欺⓰南國將佐無人乎？不日即滅盡汝輩，席卷北京，執汝君臣，俘于闕下，我天子一統四海，豈屈汝主之封乎？」壽曰：「我是天使，汝安得無禮？」段莽激怒，叱曰：「如此則有禮。」自拔劍欲斬之，（昔黎慈紐頭攀力攻，此段莽拔劍欲斬山壽，前後遙遙相對。）范旦抱住，山壽⓱躍走⓲得脫，返回東都，言與陳智，以事奏聞。明仁宗大怒，議起駕親征。

辛⓳卯六年（明洪熙元年）春正月，詔榮昌伯陳智爲征夷副⓴將軍，整備士卒接應，復詔三十六道鎮城以三十六萬兵扈駕親征，不幸仁宗崩于寢殿，事遂寢。正是：

風催蒼鶴扶戎輅，　雲擁黃龍去鼎湖。

未知事寢如何，且聽下文分解。

【校勘記】

❶「點撰」二字依甲本補。
❷「智」甲本作「志」。
❸「布按司」甲本作「布政使」。
❹「來」字依甲本補。
❺「字」字依甲本補。
❻甲本「設」下有「絳」字。
❼「碍」依甲本補。
❽「何」下原有「人」字，依甲本删。
❾「英」甲本作「吏」。
❿「遣」原作「分」，依甲本改。
⓫「守」字依甲本補。
⓬「然」字依甲本補。
⓭甲本無注，下同。
⓮「七八」甲本作「八九」。
⓯「兵」甲本作「干」。
⓰「欺」甲本作「輕」。
⓱「壽」字依甲本補。

⑱「走」甲本作「出」。

⑲「辛」甲本作「癸」。

⑳甲本無「副」字。

㉑「事寢」甲本作「此事」。

第五十回

論天文善鷹同見　操兵柄智政無謀❶

却說仁宗方議親征，忽然宴駕，群臣扶宣宗即位，改元宣德，遣使往安南告訃。陳洽、陳智等設壇率諸將望拜畢，回營❷中，陳智曰：「黎利毀罵天使，罪不容誅，第今朝廷重遭凶事，未可動兵，應遣人細作，觀黎利如何區處❸，然❹後便議。」陳洽曰：「善。」仍令❺人去訖。

却說太祖見段莽打罵山壽，自思曰：「此事必不肯休。」遂令人召黎善與軍師阮鷹同還❻議事。不二日，黎善至，入城問候❼，太祖問曰：「今段莽毀辱明使，彼必大舉兵來問罪，賢弟以爲何如？」善對曰：「誠有是事，然事亦終寢。」太祖曰：「何以知之？」善曰：「弟觀天象，見紫微垣大暗，仁宗必不在陽世，故雖欲起兵，而事從中輟耳。」太祖與群臣猶疑惑不敢盡信。居一二日，阮鷹回自諒山，入城拜謁，奏曰：「臣奉命徂征，所爲賊將數欲復讎，民心騷動，故久居在外，鎭撫兆民，不得近在左右貼拜，罪甘萬死，伏望赦宥。」太祖曰：「今有關懇❽事，故召軍師回議。」鷹奏曰：「莫非陛下憂北兵來侵乎？昔者臣在諒山，亦知陛下被失，第關山遠隔，未便卒來，然旣有四公，必無恙矣。」太祖曰：「然。」鷹曰：「北將未暇用兵，今中國❾有大凶，安得遑於征伐❿。」太祖曰：「軍師以何爲凶⓫？」對曰：「北斗星搖，紫微垣暗，洪熙必升遐矣。」群臣驚服，相謂⓬曰：「智謀之士，所見略同。」太祖曰：「此事四弟亦已言之，朕不盡信，今軍師復言之⑬，意必有矣。」鷹對曰：「四公見識十倍於臣，請陛下使之出力，則天下可圖矣。」善曰：「某淺智小才，安敢當大事？」鷹曰：「請大人勿辭勞苦，拯救生靈，則天下幸甚，社稷幸甚。」群臣亦曰：「大人不起，其如蒼生何？」太祖亦勸，黎善始應命⑭，權領副軍師爵印。阮鷹拜辭，請出諒山前去，太祖允旨，黎善亦請回六花城操演士卒，二人退去故所，招兵習馬⑮。早有東都細作探得虛寔回報⑯，陳洽上疏曰：「黎利名雖求降，寔則携弍，招聚逆黨，日以滋蔓，望勅總兵早滅北賊，以靖邊方。」既奏，明宣宗勅陳智、方政討黎利。

甲辰七年（明宣德二⑰年）春三月，陳智、方政⑱以兵三萬進至茶龍界首，時茶龍太守武必達聞⑲得消息，告急，太祖命范旦、黃義、陳理、黎公僎、林少碍率六千兵出拒，五將奉命出去。至茶龍時，則陳智等已將兵圍城攻打，范旦停軍寫書，令陳理以數千銳卒殺入城中報信。陳理取書置⑳于懷中，揷弓帶甲㉑，殺入城來。城上必達見有兵救應，開門㉒放下吊橋，陳理擁入，背後北兵殺來，城上必達令弓弩射下㉓，北兵退去。必達得信，遣軍士聞號開門出戰；時范旦登山，望陳理已入城了，命少碍在左，公僎在右，黃義居中，自在後率兵督戰㉔，發砲三聲，鼓噪殺入城中，必達、陳理引兵殺出，內外夾擊。陳智、方政雖是多兵，然畏懼黎將謀戰㉕，不敢力鬥，南兵所至，北兵敗走，智政抵敵不住，撥馬便走，范旦麾兵衝殺，北兵七顛八倒，奔走不定，旦等得勝，收兵入城。智等敗回東都。時山壽主招撫，擁兵自衞，陳洽力勸起兵進戰㉖，壽不聽，（恐段莽斬死。）陳智、方政敗後，又不能相洽，恨之，以事奏聞。正是：

三萬精兵成甚事？　數篇章奏復何為。

未知奏聞如何，且聽下文分解。

【校勘記】

❶「謀」甲本作「功」。
❷「營」原作「宮」，依甲本改。
❸「區處」甲本作「處置」。
❹「然」字依甲本補。
❺「仍令」甲本作「乃使」。
❻「同還」甲本作「同日還朝」。
❼「問侯」甲本作「請安畢」。
❽「懇」甲本作「繫」。
❾「今中國」甲本作「為今大國」。
❿「逞於征伐」甲本作「逞其侵伐」。
⓫「以何為凶」甲本作「何以知之」。
⓬「驚服相謂」甲本作「相驚服」。
⓭「之」字依甲本補。
⓮「始應命」甲本作「始肯聽命」。
⓯「招兵習馬」甲本作「招集兵馬」。
⓰甲本脱去「探得」以下六字。
⓱「二」甲本作「元」。

⑱甲本無「方政」二字。

⑲「聞」原作「問」，依甲本改。

⑳「取書置」甲本作「置書」。

㉑「插弓帶甲」甲本作「持弓帶箭」。

㉒「開門」甲本作「卽出門」。

㉓「射下」甲本作「齊發」。

㉔「率兵督戰」甲本作「督師出戰」。

㉕「然」甲本作「而」，又「戰」作「略」。

㉖「戰」甲本作「勦」。

第五十一回

宣宗大論交趾國　馬暎小勝青威❶城

却說宣宗當會群臣于文華殿，見安南尚書❷啓奏。宣宗言曰：「將相不和，故寇賊得以猖獗。」即下璽書切責智等，而以成山侯王通佩征夷將軍印，充總兵官，都督馬暎充參將，討黎利。仍命陳洽參贊軍務，安平伯李安掌交趾都司事，削陳智、方政官爵，隸軍中自效，諸將拜命去訖。罷朝，蹇❸義、夏原吉、楊士奇❹楊榮等❺侍，宣宗曰：「太祖皇帝祖訓有云：『四方諸夷，及南蠻小國，阻山隔海，僻在一隅，得❻其地不足供給，得其民不足使令，吾子孫無思富強，要戰功。』後因胡氏殺主虐民，太宗皇帝有吊伐之師，蓋興滅繼絕之❼盛心也。而陳氏子孫爲季犛殺戮已盡，不得已，狥土人之情，建郡縣，置官守。自是以來，交趾無歲不用兵，皇考念之，深爲惻然。昨❽遣將出師，朕反覆思之，欲如洪武之例❾，使自爲一國，歲奉常貢，以全一方民命，卿等以爲何如？」蹇義對曰：「太宗皇帝平定此方，勞費多矣，二十年之功，棄於一旦，臣等以爲非是。」宣宗顧士奇、楊榮曰：「卿兩人云何？」對曰：「交趾自唐虞三代，皆在荒服之外，漢、唐以來，雖爲郡縣，叛服不常。漢元帝時，朱崖反❿，發兵擊之，賈捐之議罷朱崖郡，前史榮之。夫元帝中主，猶能布行仁義，況陛下父母天下，與此豺豕較⓫得失耶？」宣宗頷之，原吉曰：「天子舉動，天下皆知，今已遣將出征，若從中止，則⓬天下以我國爲弱也。」宣宗曰：「善。」再使驛書督王通急行，以救南方黎庶，通至交趾駐軍⑬，密差人間牒南兵何如。却說黎善自回六花城之後，以范旦爲前軍，黃必爲後軍⑭，尹諸爲左軍，丁狗爲右軍，請命于太祖，遣黎石守六花城。

冬十一⑮月，自率兵三萬出傘圓山舊屯住箚⑯，移書召段發來會，時發在國威，招得民兵數萬，杜容、阮產亦來謁候，軍勢大盛。善命范旦引兵攻⑰廣威，范旦聽令，引兵進至，此時廣威守將韓光⑱不敢抗拒，開門逃脫，旦入城，差人還報。善擁兵出據廣威，分道攻諸郡縣，令命黃必以二千人往取青威，必領命引軍前進，勢若追風，不日至青威。縣令何祥見南兵至，引兵出戰，黃必叫曰：「天兵到此，汝何不納降？」何祥不答，挺鎗來迎，兩馬交鋒，鬥至五十合，黃必膂力過人，何祥抵敵⑲不住，敗走。必驅兵追逼，祥不致回城，撥馬⑳便走，必遂㉑得青威，引兵入城，安撫居民。何祥走回㉒東都告急，王通令參將馬暎㉓先引兵擊之，自與陳洽率三萬人隨後進發。馬暎軍至青威界首，分兵搜截各道，黃必知之，寫書令人飛報廣威，不幸差人被北兵所獲，調回馬暎取書，將差人斬訖，分付士卒，夜間襲攻，黃必不知差人被獲㉔，卒然北兵夜至，必堅閉城門守護。至平明，馬暎遣人出外放一升天砲，黃必想是救兵已至，開門出戰，馬暎飛馬提刀出㉕來，兩邊相鬥百餘合，未分勝負，不見外兵動靜，必心中疑惧，王通又遣騎將于論、戰將張平三面夾攻，必力戰三將，鋒鎗盡折，惟存木柄而已；馬暎趨入一刺，中黃必胸邊，大腸盤出，必猶戀戰不退，小卒言曰：「將軍拖㉖腸矣。」必聞言，望下見之，以手推之不入，遂斷絕擲去，輪回交戰，轉至濠邊而死，馬暎收復青威。正是：

必有大亡隨後至，　豈無小勝報先來。

未分收復如何？且聽下文分解。

【校勘記】

❶「青」甲本作「廣」。
❷「安南尚書」甲本作「陳洽上書」。
❸「蹇」甲本作「搴」，下同。
❹「奇」甲本作「琦」，下同。
❺「等」甲本作「留」。
❻甲本「得」上有「縱」字。
❼「之」字據甲本補。
❽甲本「昨」下有「者」字。
❾「之例」原作「中」，依甲本改。
❿「反」甲本作「數叛」。
⓫「豕」甲本作「狼」。又「較」字據甲本改。
⓬「則」字依甲本補。
⓭甲本脫去此句。
⓮甲本脫去此句。
⓯「十一」甲本作「十」。
⓰甲本無「山」、「住」二字，又「舊」作「前」。
⓱「引兵攻」三字甲本作「取」。

⑱「韓光」二字依甲本補。

⑲「抵」字依甲本補。

⑳「撥馬」甲本作「奪路」。

㉑「遂」字依甲本補。

㉒「回」甲本作「至」。

㉓「暎」原作「䮈」，依回目及甲本改，下同。

㉔甲本脫去「北兵所獲」至「差人被」一段。

㉕「出」原作「飛」，依甲本改。

㉖「拖」甲本作「抱」。

第五十二回

敗浙江王通死魄　顯黃山黃必生魂

却說馬暎刺死黃必，收復青威，遣人回❶報成山侯王通，合兵於石室縣，進屯寧橋，以觀賊勢。先是，黎善遣黃必出攻青威，必去了，善猛省曰：「吾誤矣，黃必出青威，年與方相尅，行必不吉。」急差人往國威，令段發替之，差人至時，則段莽已❷入山洞招兵未回。（黃必陣死，亦天也。）停至來日，發回，已見殘卒狼狽而歸，言黃將軍已襲得城，被北將馬暎、王通、陳洽引兵來圍，外無救援，力盡死了。發即委人上馬，飛報廣威。黎善見之，悔曰：「黃必不幸，是我之過也，此讐不可不報。」急傳❸諸將起兵，以高端爲先鋒，引一千兵先行，尹譜、丁狗、枚倣❹、范旦引一萬軍後進，行至國威屯❺札，段發接應，軍至黃土山屯駐，差人就寧橋下戰書。（前者呂毅下戰書于陳帝，此則黎善下戰書于王通，前後遙遙相對。）書曰：

> 副軍師黎善致書于明將王通等。夫為將之道，要識兵機，復度事勢，可以語❻戰。若事機勢力可及者，整兵來日交攻，如不可及者，面縛歸降，庶免性命屠戮，勿謂告戒之不早也。欽此。

書至，王通大怒，欲斬來使，陳洽❼曰：「大人之量，何恨小人之言，今若殺之，賊則❽謂我無容物也。」王通曰：「汝❾賴尚書之面，不然則斬汝首，付回與黎善，以此爲令。」乃命取筆墨社曰：「來日決斬蠻寇之頭。」使⑩去訖。通命諸將整頓船隻，來日渡江，以擒老犬，陳洽曰：「賊來意欲復讎，宜住師⑪石室縣之沙河，以觀其勢。」王通深怒，只欲渡河而陣，洽反覆言地勢⑫險惡，宜立⑬斥候持重，通不從，分付諸將五更起兵，諸將聽令去訖。時黎善見使還，敍畢，乃遣尹諸引二千兵⑭下羅江柵，以帆席爲囊貯沙，俟平明，壅水上流，見黃土山火起，引兵過硃山，出寧橋舉賊南寨；丁狗以二千兵渡金關柵後，搜出石室北邊埋伏，見號舉⑮，擊賊北寨；枚做引兵出山⑯前，分左右靜伏；高端引二千兵出江邊，此處盡是蘆葦幽鬱，可以伏兵，賊至放過，俟敗後出兵擊之；范旦出前誘敵。分付畢，就寨中解倦，微微睡着⑰，見黃必向前拜哭曰：「臣誤中賊計，以至陣亡，恨不得生以報主上之恩，死則呑逆賊之首，願明公恤之。」言訖，忽化爲⑱一陣旋風而去。黎善驚覺，悼念黃必不已，令點燈觀書，倏見砲聲連動，此時更方五鼓，王通麾兵竟渡，會天氣窈冥，風雨大作，陳洽奮馬衝⑲來勸住，王通不從，驅兵殺⑳入，見面㉑前當頭一員大將，乃范旦，立馬橫刀叫曰：「王通欲來討死麼？」通大怒，舞鎗來迎，旦鬥三四合敗走，通趨來，旦輪刀復戰，二三合又走，一連三四次，引王通近至黃土山，陳洽叫曰：「將軍勿入重地，恐中奸計。」王通曰：「不入虎穴，安得虎子。」言了，凡一聲砲響，駐馬立看，見黎善安坐飲酒于山頭，通大罵曰：「賊欺我太甚。」麾軍殺上山來，山上砲石射下，三回五次，北兵不得上，通力漸倦，善令擊㉒連珠砲，放升天火箭一枚，右㉓有枚做引兵殺出，山上㉔善驅軍殺下，王通力竭，撥馬便走，背後枚做趨㉕來，通走至江邊，見天雨泥濘，洪水大漲，狂波逆浪，衝擊奔放，北兵渡不得，左㉖有高端又分兵殺來，北兵背水死者塞江。陳洽當奔走間，忽㉗見一陣黑雲，黃必橫刀立于其中，望陳洽㉘一刺，洽驚落㉙馬下，被范旦所殺。馬暎亦走至江邊，見黃必自空中而降，追殺馬暎，暎大懼，撥馬回走，遇高端一刀斬了。王通勢迫，投于水中，幸得善水性，躍上岸來，走至石室，見丁狥立于城上，叫曰：「我已㉚取城了，汝何不降？」通失驚，東投至寧橋，尹諧截住去路，叫曰：「王通急來受縛。」通魂不附體，擲劍投于民家，脫去衣甲，假作農夫，回東都去了，三萬兵盡沒。正是：

三軍散盡旌旗倒，一將奔趨脯肺寒。

未知此回如何，且聽下文便解。

【校勘記】

❶「回」字依甲本補。
❷「已」字據甲本補。
❸「急傳」甲本作「卽傳令」。
❹「枚做」甲本作「梅素」，下同。
❺「乇」字依甲本補。
❻「語」甲本作「論」。
❼甲本「洽」下有「諫」字。
❽「則」甲本作「必」。
❾「汝」原作「吾」，依甲本改。
❿甲本「使」下有「者」字。
⓫甲本「宜」下有「暫」字，「師」下有「于」字。
⓬「勢」字依甲本補。

⑬「立」字依甲本補。

⑭「兵」字依甲本補。

⑮甲本無「羣」字。

⑯「山」甲本作「門」。

⑰「微微睡著」甲本作「微寐著」。

⑱「化為」甲本作「見」。

⑲「衝」甲本作「奔」。

⑳「殺」甲本作「欲」。

㉑「面」甲本作「殿」。

㉒「擊」甲本作「射」。

㉓「右」甲本作「左」。

㉔「上」原作「下」，依甲本改。

㉕「趨」甲本作「追」。

㉖「左」甲本作「右」，又「右」上有「一枝」二字。

㉗「忽」字依甲本補。

㉘甲本脫去此句。

㉙「落」字依甲本補。

㉚「已」字依甲本補。

第五十三回

破東關重奇❶授首　襲清化何忠喪身

却說黎善擊敗王通，收軍回寨，上書奏捷。太祖在義安，得捷書大喜，命段莽居守，分兵屯住各處畢，然後命丁禮、黎豸、黎公僎、林少碍以❷兵一萬親征交趾。諸將領命，引兵進發，軍至石室，黎善及大小將佐皆來拜謁，黎善以黃必顯靈助順提❸說，太祖憐之，命所在立廟于山間，四時享祀，封爲忠貞❹顯應威靈大神。封畢，自以精兵來圍東關，東關❺守將韓重奇告急于王通，通敗後，氣大❻沮，心怖，軍士畏懼，不敢出戰，韓重寄自閉門堅守，太祖攻之不下，使人招降。寄率軍士坐城上百般❼辱罵，太祖大怒，召❽降將蔡福告曰：「賊❾弄虐如此，公以爲何如？」福曰：「請造雲梯竹棧，外築土❿山，架棧于上，倒入城頭，擊之必克。」太祖聽計，令軍修築，三日完備。時重奇在敵樓上望見，遣士卒造火攻，俟清夜潛出焚賊攻具，蔡福亦立于土山，見城中修造火具，幾欲出城⓫，蔡福下山奏太祖曰：「攻城貴急，若緩，彼即知之，我計破矣。」太祖令將士曰：「誰人先登者爲上功。」軍士踴躍，或架木棧，或附雲梯，城中九千人，尚當修造火攻，見南軍已擁上城，公僎少碍先登，重奇大驚，挺鎗來迎，被少碍一刺落于城下，太祖怒未息，令盡殺北兵，遂克東關。早有細作回報王通，通益懼，寫書⓬陰求太祖息兵，乞上疏分封，再請馳檄清化、迤南各⓭歸黎氏，清化守將羅通得檄，與衆將言曰：「非君命而欲賣城，義甚不可。」馳檄人回報羅通不肯還城，太祖問曰：「誰人敢往取清化？」高端向前請往，太祖許允⑭，命段發、尹諸將二千人進往，蔡福奏曰：「臣亦請往說羅通，使不勞陛下將士。」太祖許諾，四人拜命，行至清化，羅通諜得，引兵出香舘⑮布陣，以俟迎敵。蔡福謂段發曰：「先擊之，以挫其氣，然後說之方便。」發聽計，令高端在左，尹諸在右，自居中，建旗鳴鼓，向羅通陣殺入，通亦擂鼓麾軍大戰。兩邊戰了多時，不分勝負，發令高端以兵抄⑯出通陣後夾擊，通不意，大敗，走回城中，堅閉不出。福馳馬至城下大呼曰⑰：「請守將答話。」羅通登城，福說曰：「盜物必歸故主，今黎王仁德布於天下，天命必歸⑱，我欲抗之，亦不能得，公宜見幾，以全首領。」羅通大罵曰：「汝為臣不忠，屈身事賊，尚欲效李陵以喻蘇武乎！吾不足殺汝，試觀我矢⑲，慎勿復言。」張弓一箭，中蔡福頭盔，即下城去。蔡福羞慚滿面，回去⑳言曰：「此人之心，牢不可破，圍城攻之便了。」發遣軍逼城攻打，六日不下。發命樹起敵樓登觀，望見城中軍士宰馬而食，知是無糧，令高端解東門圍，退出貞㉑江埋伏，令尹諸引軍伏于㉒東館，見賊退走擊之。二人聽令去訖，發麾兵攻之終日，至夜不息，城中糧盡，羅通會衆商議，平州知州何忠言曰：「糧食既盡，賊攻太急，今東門無人，請王師清夜開門出㉓走，返回東都，後有區處。」羅通依計㉔，乘夜出東門，放下吊橋，引軍退遁㉕。纔至東㉖舘，見一聲砲響，尹諸麾軍殺來，通措手不及，被尹諸斬了；何忠奪路快走，至貞江渡，又見鼓噪喧天，端麾軍㉗活捉，端喜曰：「何知州來何遲也？」命擧酒勸忠曰：「若能降我，榮祿不淺。」忠唾地㉘罵曰：「賊奴㉙！吾天朝臣，豈食汝犬彘食乎？」奪杯擲中端面，流血滿頭，端大怒，將何忠斬了。（張韶擊王反，何忠擊高端，前後遙遙相對。）㉚時人有詩吊云：

丈夫志氣異乎人，　義膽忠肝怯鬼神。

凜凜英風千古在，　不惟守義又成仁。

李安㉛聞何忠已死，以事㉜聞，宣宗憐悼惜之㉝，勑旌其門，賜謚忠節。高端收軍回㉞清化，段發遣尹諸報捷。正是：

人間㉟自古誰無死，　忠節于今凜若生。

未知㊱報捷如何，且聽下回便見。

【校勘記】

❶「奇」甲本作「寄」，下同。

❷甲本「以」下有「馬」字。

❸「提」原作「題」，依甲本改。

❹「貞」甲本作「義」。

❺「關」甲本作「都」。

❻「大」原作「太」，依甲本改。

❼甲本無「百般」二字。

❽「召」字依甲本補。

❾甲本「賊」下有「敢」字。

❿甲本「土」下有「壘」字，又旁記「山」字。

⓫「城」甲本作「戰」。

⓬甲本「書」下有「遣人」二字。

⑬甲本「各」下有「府縣各」三字。

⑭「許允」甲本作「允旨」。

⑮「出香館」甲本作「去書館」。

⑯「抄」字依甲本補。

⑰「曰」字依甲本補。

⑱甲本脫去此句。

⑲甲本脫去此句。

⑳「回去」甲本作「而回」，屬上句。

㉑甲本無「退」字，「貞」作「魚」，下同。

㉒「引軍伏于」甲本作「伏」。

㉓「門出」原作「步」，依甲本改。

㉔甲本「計」下有「而行」二字。

㉕甲本「軍」作「兵」，「遁」作「渡」。

㉖「東」原作「冬」，依上文及甲本改。

㉗「麾軍」甲本作「殺來」。

㉘「地」甲本作「面」。

㉙甲本「賊奴」上有「汝乃」二字。

㉚甲本無注。

㉛「李安」甲本作「李彬」。

㉜甲本「事」下有「奏」字。

㉝「深悼惜之」甲本作「憐悼」。

㉞甲本「回」下有「克」字。

㉟「間」甲本作「生」。

㊱甲本「未知」下有「尹諧」二字。

第五十四回

平迤南華❶均懸頭　攻建昌馬書失守

却說段發平了清化，遣尹諸奏捷，太祖聞之大喜，命黎善往迤南招安。善領命，率丁狗、杜容、尹諸以五千兵出去❷，過懷安，經平陸，出義興東表柵屯次，令人往迤南招安。先是迤南守將丙安見王通檄書先報，丙安會衆將議曰：「王總兵移我如此，諸公以為還與守孰優？」指揮華均曰：「食君之祿，衣君之衣，出鎮邊城，欲廣其地，猶恐不足，況又棄之乎？」丙安曰：「若不還，彼來招安，此時何辭以諉，」均曰：「擊之便了。」安曰：「黎利❸雖是無能，而勇將謀臣，不爲不少，恐當不得❹。」均曰：「臨機應變，不可先圖。」至是，善使人招安，安問均曰：「黎善既至，公有何計當之？」均曰：「守將整頓酒菓，佯爲迎接犒師之禮，某請自來，彼信爲眞，不有防備，某行刺之，便了。」安依計，使一百精兵隨華均同❺行。時黎善屯師東表，夜間見鄉中驚鬧，畜產不寧，善遣丁狗分❻兵彈押，動亦不止，寨中弓劍搖動，善疑之，沉吟半晌，倦臥于床上，合眼見黃必向前報曰：「軍師宜細心謹密❼，來日必有刺客之徒。」言訖，出去。善驚覺，立即喚諸將與鄉中耆老歷敍黃必助順與報夢始終，說了一遍，所在耆老欣喜，請設立香燈于庭中密禱，鄉中畜產喧鬧立隨靜❽，耆老❾請自立廟于鄉中奉祀，奏請太祖襃封，亦如黃土山廟故事，黎善許允，着老退去。善令杜容持刀斧伏于壁中！囑曰：「見我叱之，趨出捉住。」分付畢，獨坐帳中。來日，見小卒入報明將華均來迎接，善命丁狗截兵在外，許華均自入，丁狗得令，出請北兵權留在寨外安歇，華均單身入至帳前，善叱曰：「誰爲我擒之？」杜容壁中躍出，將華均捉住。均曰：「小將無罪。」善曰：「汝來行刺，安得無罪？」命檢察背後，得鉅[10]刀一雙，寨外丁狗亦將一百兵縛定[11]，檢之，每人各有小刀二口。善命將華均斬訖，告北兵曰：「汝等同惡相濟，殺汝等[12]不武。」斥去，再遣尹諧以華均[13]頭懸于旗上，引兵進至迤南城外，丙安在城上望見，魂飄[14]魄散，倒持鋒劍，差人開門請降，善問曰：「建昌守爲[15]誰。」丙安曰：「爲馬書，其人崛強，難於曉諭。」善曰：「公和我招之。」丙安聽令，同黎善進至芳松屯駐，令丁狗出烏米[16]進下，令尹諧搜至樂道直上，善引一隊不齊不整之兵，與丙安出去。馬書聞得消息，引軍出府後布陣，卒然黎善軍至，馬書見軍無行伍，回顧諸[17]將笑曰：「人言黎善用兵如神，觀此則知有名無寔，可恨王通盲蠢，棄了許多城池，我今[18]先斬善之首，回梟東都，看王總兵羞也不羞。」言了，見善與丙安軍至陣前，善高聲言曰：「軍師在此，何以不降。[19]」馬書罵曰：「丙安犬人，降汝犬賊，我大將，豈降汝乎？」（大字加一點爲是[20]。）善佯怒，麾軍交戰，書提刀殺來，善退走，書不趨，善回顧言曰：「如此猶不降，更俟何時？」書罵曰：「犬賊猶且[21]大言。」一輪刀復追，告軍士曰：「弁力追之，斬善必矣。」士卒奮力追去[22]，近至芳松，忽見一聲砲響，當頭一員大將喝[23]曰：「杜容在[24]此！」馬書舞刀來迎，兩邊戰至百餘合，不分勝負，自然見丁狗引兵襲後，馬書殊死殺開一路[25]，走回府城，已見善坐在城上叫曰：「我[26]取城了。」書大怒，欲打上城來；見尹諧從東殺至，後面杜容、丁狗殺來，書失驚[27]，望南而走，尹諧、丁狗、杜容分兵追趨，書走至安老，被丁狗追及，一刀斬于樹下。三人收軍返回，善令人報捷[28]，於是眞定、太平、瑞英諸守令棄城遁走。正是：

決策攻城多後效㉙，籌謀拒敵㉚得先聲。
未知報捷如何，且聽下文分解㉛。

【校勘記】

❶「華」甲本作「韋」，下同。
❷「出去」甲本作「進發」。
❸「利」甲本作「善」。
❹甲本「得」下有「他」字。
❺甲本無「華均同」三字。
❻「分」甲本作「將」。
❼「細心謹密」甲本作「小心慎密」。
❽甲本此句作「畜產隨卽寧靜」。
❾甲本「老」下有「入覆黎善」四字。
❿「鉅」甲本作「短」。
⓫「亦」甲本作「立」。「定」甲本作「住」。
⓬「等」字依上文及甲本補。
⓭「均」字依上文及甲本補。
⓮「飄」原作「瓢」，依甲本改。
⓯「為」甲本作「將者」。

⑯「烏米」甲本作「馬來」。
⑰「諸」甲本作「家」。
⑱「今」字依甲本補。
⑲「何以不」甲本作「何不早」。
⑳甲本無注。
㉑「且」甲本作「此」。
㉒「奮」甲本作「併」。「去」原作「至」，依甲本改。
㉓甲本無「一員」二字，又「喝」作「叱」。
㉔「在」原作「至」，依甲本改。
㉕「殺開一路」甲本作「殺來一條血路」。
㉖甲本「我」下有「已」字。
㉗「失驚」甲本作「大罵」。
㉘甲本無此句，於下「正是」上有「善令報捷」四字。
㉙「效」原作「寔」，依甲本改。
㉚「拒敵」甲本作「破賊」。
㉛甲本脫去此二句。

第五十五回

宣宗遣將征安南　太祖忿兵攻交趾

却說太祖得黎善捷音，知是迤南諸郡縣悉平，自差人移書勸李安投降。安大怒，勸王通進征，通推托不肯❶出兵，李安見通氣爽，自思曰：「昔黃福撫治南❷方，多人懷❸服，莫若奏❹請再來，以安邊境。」乃上言曰：「尚書黃福❺昔在交趾，民心思之，乞令復至，以慰民望。」復將南國城池盡失奏了。宣宗命❻召黃福自南京赴闕議事，以安遠伯柳昇為征夷副將軍，保定伯梁❼銘、都督崔聚由廣西，沐晟為征南❽將軍，興安❾伯除亨新寧伯譚忠由雲南，尚書李震參贊軍務，黃福仍掌布按二司事。

乙巳八年（明宣宗二年）春二月，明宣宗御文華樓❿，召大學士楊士奇楊榮諭曰：「前者論交趾，蹇⓫義、原吉拘牽常見，昔夏⓬徵舒弒陳靈公，楚子討之，殺徵舒，既縣陳，申叔時以為不可，楚子即復封陳，古人服義如此。太宗初得胡寇，定交趾，即欲為陳氏立後，今欲承先志，使中國之人皆⓭安無事，卿等為朕再思。」士奇對曰⓮：「此盛德事，惟陛下裁自聖心。」上曰：「朕志已定，無復疑矣。但干戈之際，便⓯令訪求，恐未暇及，俟稍寧靖，當令黃福專心求之。」士奇奏曰：「當先飛報王通練兵，俟王師至同進。」宣宗曰：「善。」即遣驛書先報。却說李安恨太祖招降，復令人致書與太祖，辭極褻慢，太祖大怒，曰：「北狗甚是欺人，敢致書目朕為無物，朕誓殺之。」立傳諸將起兵親征，命丁禮、黎豸、黎公僎、林少碍⑯以三萬兵進攻交趾。諸將聽命，起兵登程，會段發回自清化，知太祖出征，驚曰：「兩軍師不在，而主上大駕⑰遠征，恐中⑱有失。」喚高端、范旦告曰：「二公以三千兵，一往慈廉，一往永順，在界外靜伏，若主上勝⑲則已，或有稍敗，起兵救之。」二人去訖。時太祖兵至大同，早有交趾細作回報，李安請王通言曰：「某下一書，知黎利耐不得，今引兵來，總兵宜乘其⑳寨柵未定擊之。」王通依計，令都司㉑都督李吉、參將朱常引兵伏于東西塢，王通後應。吉常伏了，太祖兵至交趾城外，令軍士下寨㉒，將士奔走，設立寨柵，忽見銅角一通，李吉東塢殺來，朱常西塢殺來，南軍行陣未定，舉皆散㉓走，司空丁禮喝止不住，王通卒來，禮措手不及，被王通斬了，司徒黎豸提兵來救，被李吉刺死，斬下萬餘級，將太祖團團㉔圍住。太祖叫曰：「吾輕敵，今日休矣。」言了，手㉕拔寶劍望北兵直指㉖，軍皆死倒，適見少碍、公僎身被重傷，引兵殺入，叫曰：「主上少寬，臣願以死救君㉗。」二人奮不顧身，殺開一條血路㉘，救出太祖。背後李吉、朱常引兵㉙殺來，公僎使少碍㉚護太祖先行，自斷後，且戰且走，至慈廉，見鼓聲㉛喧天，碍吃驚，出前觀看，見當頭一員大將，乃是范旦，范旦㉜叫曰：「林將軍慢行，追兵某自當之。」碍大喜，請太祖飛馬放過。李吉殺來，范旦叱曰：「大將軍在此。」飛馬望李吉一射，落于江邊，盡殺北兵。太祖走至永順，見林中草木搖動，知是伏兵，乃命少碍當先提刀殺入，見高端，端㉝叫曰：「莫是林將軍否？」碍曰：「是也。將軍何得出此。」端曰：「段㉞侍郎命我伏此應接主上，今主上安在？」碍曰：「所在不遠。」二人皆出，接敍畢，已見後面塵土衝天，太祖曰：「必有追兵至矣。」高端曰：「陛下且喜，臣請殺賊。」言了，挺鎗出來㉟，先是朱常知太祖致公僎斷後，自㊱先走去，常不戰公僎，引兵倍道追太祖，至永順，端發號出擊，朱常不意，被高端一鎗刺于馬下，殺敗北兵，乃和與太祖返回。公僎、范旦亦至，共還東關。正是：

無地勝時能反敗，有天絕處又㊲逢生。

未知還東關如何，且聽下文分解。

【校勘記】

❶「肯」甲本作「敢」。

❷「南」原作「北」，依甲本改。

❸「懷」甲本作「畏」。

❹「奏」原作「奉」，依甲本改。

❺「尚書黃福」甲本作「黃尚書」。

❻「命」字依甲本補。

❼「梁」甲本作「黎」。

❽「南」甲本作「西」。

❾「安」甲本作「定」。

❿「樓」甲本作「殿」。

⓫「蹇」甲本作「寨」。

⓬「夏」原作「魏」，依甲本改。

⓭「皆」甲本作「相」。

⓮「對」字依甲本補。

⑮「便」甲本作「使」。
⑯「公」字依上下文補。「少」字依上下文補。
⑰「主上大駕」甲本作「御駕」。
⑱「中」甲本作「或」。
⑲「主上勝」甲本作「上皇全勝」。
⑳「其」字依甲本補，又「乘」甲本作「承」。
㉑甲本無「都司」二字。
㉒「士」字依甲本補，又「寨」甲本作「柵」。
㉓「散」甲本作「敗」。
㉔「團圍」二字依甲本補。
㉕「手」字依甲本補。
㉖「指」甲本作「揮」。
㉗「救」甲本作「報」。
㉘「血」字依甲本補。
㉙「引兵」二字依甲本補。
㉚「使少碍」三字依甲本補。
㉛「聲」甲本作「噪」。
㉜「范旦」二字依甲本補。
㉝「端」字依甲本補。

㉞「段」字依甲本補。

㉟「挺槍出來」甲本作「提槍來迎」。

㊱「自」字依甲本補。

㊲「又」甲本作「更」。

第五十六回

黎謀將緩兵交趾　明忠臣死節昌江

却說太祖敗回東關，設寨掘濠❶，修理城郭，兵勢復震。王通得勝之後，諸將請乘勢亟擊，通猶豫未決❷，以致李吉、朱常死陣，李安恐懼，以聞。三月，宣宗命行在刑部侍郎樊敬往廣西，副都御史胡廙往廣東，運糧赴交趾。又勅武昌城都護衞中都留守司湖廣、浙江、河南、山東、廣東、福建、江西❸、雲南、四川行❹都司官軍各數萬，俱從安遠伯柳昇、黔國公沐晟征❺交趾。再勅英國公張輔總兵南伐，時❻張輔畏黎兄弟，告病不敢出征，於是柳昇等先馳書報王通，然後進發。時太祖自失丁禮、黎豸，悼惜❼不已，日不視事，飲食俱廢❽，群臣屢勸不止。數日，侍郎段發入奏曰：「人生修短，命在乎天。昔桃園結義之時，不願同生，惟❾願同死，及關、張先喪而漢主亦無奈何❿。伏望陛下少養龍體，以安諸將之心，先詔阮軍師、黎軍師返回，會勦北寇⓫，以報其讐。若陛下憂悶日加，不惟讐寇不除，而天下事亦去矣。」太祖聞之，方起，命使召黎善回，後勅阮廌興兵。先是⓬廌在諒山時，撫諭百姓，後引兵圍丘溫，丘溫守將陳聚累戰不勝，被文歷斬了，克⓭丘溫，再引兵攻昌江，被昌江深溝高壘，城中謀將五員，雄兵三萬，都指揮李任⓮顧福等日夜拒戰，廌千方百計，攻之不克，不敢放曠，將城圍住，凡九閱月。不日，巡⓯哨軍捉得北使解回，廌令檢察懷中，得密書：柳昇、沐晟等提兵進征，九月且至，先報王通內應。廌將書洗補，改九月萬十二月，命將此使斬⑯訖，再遣一人携書投交趾來。忽見太祖勅興兵，應具將書意。列寫⑰，上疏請太祖起駕會征，疏至東關，時黎善自迤南方回，太祖召群臣議曰：「應請朕親征，倘王通知其空虛，引兵來攻，如何？」善對曰：「安敢來攻！阮軍師改書展三月，正使彼緩師期耳。請依阮軍師之計，令人虛張聲勢，佯爲向交趾，復詐移書求知，然後進兵攻柳昇、昇既敗，則王通束手矣。」太祖依議，一一分付畢⑱，飛檄召諸將同來會獵北寇，自引兵進至昌江，阮廌率諸將迎接。太祖命攻城甚⑲急，此時城中糧盡，李任、顧福懸明文皇像于壁上，行⑳五拜畢，大哭，三四次昏絕于地，二人各以劍割喉自刎。時人有過昌江吊㉑詩云：

　　人臣事主效忠貞，竭盡心思老此城㉒。
　　自古人間誰不死，死於國事死猶生。

中官馬智亦大哭，北向再拜，撞頭于砌石，破腦而死。後人有詩吊云：

　　回頭北向淚汎瀾，城與俱亡不記還。
　　一帶昌江天地老，令人起敬馬中官。

指揮流㉓順知府劉子輔見任福、馬智已死，二人相語曰：「寧爲忠義鬼，不爲慚負人。」言了，相對涕泣。先是，劉子輔泊昌江時，有娶潘惠之女潘娘爲妻㉔，生得一男名子弼，母子出帳外，見子輔帶淚容，問曰：「君何爲而淚眼凝流若是㉕？」子輔曰：「此事非汝所知？」潘娘曰：「妾豈不知乎？君㉖憂臣辱，夫死婦亡，妾願先死。」輔曰：「何關於汝，而至捐生。」潘娘曰：「妾本南人，奉君巾櫛㉗，五倫之本，人事所關，詩不云乎：『死生契濶，與子成說。』生則同席，死則同穴，妾之願也。」言畢，回顧其子㉘子弼，己絕吭了，潘娘咬舌而死。時人有詩吊云：

　　一點靈臺鐵石堅，芳風終古對青天。

男兒冠帶而禽犢㉙， 不及潘娘母子賢。

流順、子輔見潘氏母子俱亡，二人皆自縊死。軍士感子輔有惠政，俱立鬥盡，太祖令人招降，潘僚、陳扞領命走至城邊，叫曰：「軍士降者免戮。」城上軍士裸身辱罵，僚怒，縱火焚之，死者太半，平定昌江。此時王通聞之大懼㉚，斂兵不敢出。正是：

寒鴈遇弓驚曲木， 勁鷹奮翼困牢籠。

未知斂兵如何，且聽下回分解。

【校勘記】

❶「濠」甲本作「壍」。
❷「未決」二字依甲本補。
❸「江西」原作「西江」，依甲本改。
❹甲本無「行」字。
❺「征」甲本作「攻」，又「攻」上有「等」字。
❻「時」字依甲本補。
❼「惜」甲本作「念」。
❽「飲食俱廢」四字依甲本補。
❾「惟」甲本作「但」。
❿「及」甲本作「若」。「喪」甲本作「死」。「亦」字依甲本補。
⓫「寇」字依甲本補。

⑫「是」字依甲本補。

⑬甲本脱去「丘溫守將」以下十六字。

⑭甲本「都」下有「督」字，無「李任」二字。

⑮「巡」甲本作「撫勦」。

⑯甲本「斬」下有「首」字。

⑰「寫」甲本作「陳」。

⑱「議」甲本作「計」。「一一分」原作「二人」，依甲本改。

⑲「甚」字依甲本補。

⑳「行」字據甲本補。

㉑「吊」原作「市」，依甲本改。

㉒「盡」甲本作「力」。「老此」甲本作「望北」。

㉓「流」甲本作「劉」，下同。

㉔甲本無「潘娘為妻」四字。

㉕「凝流」甲本作「淋漓」，又甲本無「若是」二字。

㉖「君」甲本作「主」。

㉗甲本「妾」上有「雖」字，「南」下有「國」字。又「奉」上有「而」字。

㉘「子」字依文意及甲本補。

㉙「冠」原作「飛」，依甲本改。「而」甲本作「還」。

㉚「之」字依甲本補，又「大」甲本作「益」。

第五十七回

攻隘留產斬北將　伏鎮彝❶鷹設南兵

却說王通自寧橋之敗，氣大❷沮喪，雖獲城下一勝，而志不固，又見朝廷咨報，大兵出征，十二月臨境，且意柳昇雖出。期日猶久，道路多梗，未能卒至，太祖又遣書求知，不得不從。按察司楊時習曰：「奉命征討，乃與賊和，棄地旋師，何以逃罪？」通厲聲叱曰：「非常之事，非常人能之，汝何所知！今賊布陣排兵，欲向交趾，汝徒持❸文墨，盍賦一詩以退之耶？」時習默然。通乃備方物，修進表，選一人詐為太祖所遣，回朝進貢，黎善謀得，奏請太祖進攻隘留關。

秋七月，大兵進至隘留，隘留鎮守❹趙謙求救于南寧守將鎮遠侯顧興祖，祖畏黎兄弟❺聲勢，擁兵不赴。隘留城陷，趙謙冒死引兵出擊，黎善遣杜容出戰，二人交馬，至一百合，謙氣力加倍，容敵不住，敗走，謙趨❻來，容輪刀復戰，善令阮產搜出陣後殺起，趙謙不意，被阮產一刺，死于馬上，杜容麾兵殺來，遂❼克隘留關。太祖進入，百姓伏道拜謁，踴躍歡呼曰：「吾黨今日復見太平天子矣！」皆呼萬歲，太祖慰勞遣之。會群臣商議，太祖問曰❽：「今北朝令大將引兵來，諸公何計以退敵❾？」黎善曰：「柳昇勇而無謀，沐晟驕而輕敵，黃福有智而遲，今宜宗又遣諸人視兵，是棄百萬人命矣，宜用計破之❿。」太祖曰：「計將安出？」善曰：「先遣公僎、少碍將二千兵出隘留⓫左右，將木石塞絕各小路，入山谷中埋伏，俟北兵退去，出擊之，後遣諸將沿途設立寨柵，賊至⑫迎敵，宜輸不宜贏，誘至鎮彝，然後用計擒之。若大聚于此，則國中空虛，倘王通知之，自內竊發，則腹背受敵，進退難矣。」太祖依計⑬，命車三守隘關，分公僎、少碍出伏⑭，自引兵回鎮彝。太祖曰：「朕昔爲群公百姓所逼，擁立爲王，今天下十分已得八九，誰人爲我廣訪陳家宗族還回，即正尊位⑮，朕臣事之，以副朕願。」群臣進言曰：「主上順天應人，乘時革命⑯，天下莫不引領而望主上之爲君者，豈有讓于人乎？傳曰：『天與⑰不取，反受其殃。』請主上思之。」太祖曰：「朕豈蒙不義之名乎？」群臣固爭，太祖不聽，卽令人遣⑱書老遍尋，其人去訖。早有隘留關告急：「柳昇引兵，將至不遠。」阮廌奏曰：「請主上早降明旨，使諸將得便行事。」太祖曰：「其計策隨軍師所料。」廌欽命出帳外，會諸將受計。諸將畢集，廌曰：「趙⑲扈以一千兵出華林，文歷以一千兵出渠嶺，范旦屯寒溪，高端屯鬼門⑳關，清江寨則尹諧，壽德柵則枚傚，各引兵一千出此屯駐。匿其強壯，露其老少㉑，賊至引兵出擊，不必求勝，務誘㉒至鎮彝而已。」六將聽令去訖。復遣丁狗、崇光引三千兵伏于倒㉓馬坡左右，范柳伏于橋邊，見賊渡了，將橋斬絕；再檄昌江守將潘僚整兵防守㉔，以候賊間道，飭回東關；令段發引兵截交趾後道（此如一段調兵，因爲不遺一族㉕。）分付各道去了，自回帳中，太祖命取樽討飲，黎善曰：「主上㉖遣人尋陳氏後，決然必得，今宜修書，令人詣柳昇言罷兵，立陳王主其地㉗爲是。」阮廌曰：「彼安肯釋兵？」善曰：「已知必㉘不肯休，此時我殺之，無悔矣。」太祖曰：「彼之甚強，難必破也。」善曰：「臣昨觀乾象㉙，北兵將星搖搖欲墜，三日內柳昇必死。」太祖顧阮廌曰：「軍師以爲是乎？」廌對曰：「臣已列太乙，見客星遇囚迫，不惟柳昇，至將相功臣，死獲殆盡。」太祖信之，即修書遣人前往，柳昇受書不啓封，令人奏聞，與衆將言曰：「雖然如此，我此行滅盡南狗方快。」黃福諫曰：「賊已受降，止之爲愈，勿可勞師大擧，彼黎㉚兄弟智巧絕奇，恐無萬全之功。」昇曰：「尚書何畏之甚？黎利兄弟某素知之，我殺之如勁鷹之打㉛野鴨耳？」福苦諫，昇不聽，自麾兵打關。正是：

不欲虛心聞直諫， 只緣技癢逞驕兵。

未知打關如何，且聽下文分解。

【校勘記】

❶「鎮彝」甲本作「彝鎮」，下同。

❷「大」甲本作「胆」。

❸「持」甲本作「恃」。

❹「鎮守」甲本作「守將」。

❺「畏黎兄弟」甲本作「素畏黎利」。

❻「趨」原作「赴」，依甲本改。

❼「遂」字依甲本補。

❽甲本脫去「太祖問曰」四字。

❾甲本「公」下有「用」字，「敵」作「之」。

❿甲本「之」下有「甚易」二字。

⓫甲本「留」下有「關」字。

⓬甲本無「賊至」二字。

⓭「依計」甲本作「曰善」。

⑭「出伏」甲本作「設伏去了」四字。

⑮「尊位」甲本作「位號」。

⑯甲本無「乘時革命」四字。

⑰甲本「與」下有「之而」二字。

⑱「遺」甲本作「移」，又甲本無「令人」二字。

⑲「趙」甲本作「阮」。

⑳「門」字依甲本補。

㉑「少」甲本作「弱」。

㉒「務誘」甲本作「要誘賊」三字。

㉓「例」甲本作「夾」。

㉔甲本無「潘僚整兵」四字，又「守」作「備」。

㉕甲本無注，又無「道」字。

㉖「上」原作「主」，依甲本改。

㉗「罷兵立陳王主其地」甲本作「罷陳王土地」。

㉘甲本「已」作「故」，「必」作「彼」。

㉙「覩乾象」甲本作「見天象」。

㉚「黎」字依甲本補。

㉛「打」甲本作「搏」。

第五十八回

破七屯柳昇易敵　發一鏢太祖神威

却說柳昇不聽黃福之諫，引兵打關，時守關大將乃車三，開門出擊❶，叫曰：「柳賊無賴，我主已和，猶來挑戰，欲討死乎？」昇曰：「我來取汝主首級。」車三佯怒，挺鎗來迎，鬥四五合，詐敗，柳昇麾軍趨來，車三棄關遁走。昇追至華林，不見車三，聞一聲砲響，一將立馬橫刀叫曰：「賊奴不識趙將軍麼❷？」昇不答，飛馬來戰，扈交鋒戰十餘合，扈佯敗❸，昇復趨，扈走不定，日暮，昇收兵屯駐。平明起兵，進至渠嶺，文歷已排列陣勢，柳昇望之，全是老弱，笑曰：「黎利用兵如此，黃尚書矜誇❹太甚。」言未❺了，文歷叫曰：「汝何敢侵吾境界，欲全性命，返師北歸，不然，則碎屍萬段❻。」柳昇叱❼曰：「交趾❽群犬，速納下首級來❾。」文歷佯❿怒，舞槊來迎，昇大笑，令都督崔聚出戰。文歷曰：「喚汝柳昇來。」聚曰：「我大將豈與汝鼠輩爭鬥乎！」歷趨來交戰，鬥六七合，歷復⓫走，崔聚趨殺，言曰：「大言兒胡不返戰。」歷輪刀復戰，三四合，又走，柳昇又驅兵來，文歷快走，昇追至寒溪，范旦引兵出迎，昇乘勢衝殺⓬，旦敵不住，退走⓭。忽見擂鼓喧天，伏兵殺起，昇望之，盡是疲兵倦卒，大笑⓮曰：「如此伏兵，稱爲絕奇。」昇麾兵擊之，南軍盡散。復趨至鬼門關，見關內建一大旗，內書欽命大將軍高，後見一人手執開路刀，坐下黃騌馬，立于陣前。昇命喚何將出來答話，聚來喚，端不答，驅兵出戰，昇大怒，麾兵來拒，兩邊鼓再齊鳴，喊聲震地，戰自午至酉，端敗走，昇鳴金收軍，傳令：「今日已夕，諸將暫休，來日五更起兵。」諸將聽令。至五更，擊鼓三通，三軍進至清江寨，見尹諳叫曰：「汝連破五屯，猶爲常耳⑮，至如我駐此，汝雖接兩翼不能飛過。」昇見言，前來觀看，見柵寨⑯稀疏，笑曰：「南狗大言太甚，如此城柵，自恃爲堅。」言了，驅兵大戰，諳不鬥，奪路便走，回顧呼柳昇祖你⑰大罵曰：「汝恃強奪吾城柵，若敢追來，吾即斬汝首⑱。」昇大怒，喝兵追之。至壽⑲德，枚做將兵⑳截住去路，叫曰：「犬賊不怕乎？枚將軍在此。」昇見軍中行㉑伍不整，旌旗亂倒，言曰：「人言南寇用兵如蜂屯蟻聚，信其然矣，此行斬蠻寇決矣。」令諸將混戰，枚做敗走。昇見凡所經之處，屯柵拒守，連破之，無人敢敵，放心直抵鎭彝㉒界首。梁銘與李慶向前言曰：「聞黎利兄弟行兵有法，豈有連破七屯，鋒無前對㉓，其中必有誘敵之計，將軍且住㉔，以覘賊勢。狃小勝，氣益驕，兵累日不得休，困罷而少斥候，不拒險握重㉕，而欲急發，卒如敵伏何？」李慶力疾語昇，昇唯唯而已㉖。前至倒馬坡南邊，黎善望見，令杜容先出辱罵，阮廌在左，黎善在右，太祖居中，阮產隨後，引兵出拒。柳昇見南軍百般毀罵，激怒，獨與百騎先馳渡橋㉗，忽見連聲砲響，范柳起兵將橋斬絕，柳昇至南岸橋頭，黎善呼曰：「主上射之。」太祖張弓挿箭一射，中柳昇胸上，落死水中。南兵㉘鼓噪大進，左邊丁狗殺來，斬梁銘于馬下，右邊崇光殺來，李慶措手不及，被崇光所殺，崔聚在後隊，阻不得進，自引兵㉙從間道走至昌江，潘僚截住，聚失驚，冒死力戰，然倉卒新喪元帥，吏士氣沮㉚且囂，僚驅象乘之，北兵大潰。聚被執，即中忠安主事陳鏞。李昉等㉛退走，至壽德，枚做起兵殺出，刺忠安于馬前，鏞昉得脫，退至清江寨，尹諳截住歸路，二人見逼，逞劍來迎，諳挺鎗望李昉一㉜刺死了，陳鏞奪路走至鬼門關，高端引兵殺來，斬陳鏞于關外㉝，惟主事潘原㉞落入林中，得脫歸，七萬精兵盡沒。時王通諜知柳昇與太祖交兵，引兵㉟救應，至途中，被段發伏兵殺退，軍死太半㊱，大懼，走回東都不出。工部尚書黃福居後，知昇已死，大軍潰散，落荒遁走，至隘留關，伏兵齊起，左邊少碍、右邊公僎將福回住，軍士活捉。僎、碍知是業師，皆下馬羅拜曰：「我父母也，先生而不北歸，小子必不至此。」言已皆泣，車三令軍士檻黃福將回鎮彝㊲稟命。

師弟情中無背義，君臣心上敢忘恩。

未知稟命如何，且聽下文分解。

【校勘記】

❶甲本無「開門出擊」四字。

❷甲本脱去「趙將軍麼」四字。

❸「敗」原作「走」，依甲本改。

❹「矜誇」甲本作「誇張」。

❺「未」字依甲本補。

❻「萬段」二字依甲本補。

❼「叱」字依甲本補。

❽「交阯」甲本作「安南」。

❾甲本「速」上有「宜」字，無「來」字。

❿「佯」原作「詐」，依甲本改。

⓫「復」甲本作「佯」。又「走」字下甲本脱去「崔聚趨殺」四字。

⑫「殺」原作「之」，依甲本改。

⑬甲本無「退走」二字。

⑭甲本「大笑」上有「撫掌」二字。

⑮「耳」字依甲本補。

⑯「柵寨」甲本作「城柵」。

⑰甲本無「祖你」二字，「你」疑當作「禰」字。

⑱「首」字依甲本補。

⑲「壽」甲本作「春」。

⑳「將兵」二字依甲本補。

㉑甲本無「中行」二字。

㉒「鎮彝」甲本作「鎮魚」。

㉓「鋒無前對」甲本作「如入無人之境」。

㉔「且住」甲本作「可住兵」三字。

㉕甲本「拒」作「扼」，「握」作「擾」。

㉖「而已」二字依甲本補。

㉗「先馳渡橋」甲本作「過橋」。

㉘「兵」原作「邊」，依甲本改。

㉙「引兵」甲本作「率本部」。

㉚「氣沮」原作「阻」，依甲本改。

㉛「鏞」原作「鎔」，依甲本改，又甲本「昉」作「防」，下同，無「等」字。
㉜「一」字依甲本補。
㉝「關外」甲本作「陣」。
㉞「原」原作「厚」，依甲本改。
㉟「引兵」甲本作「自將」。
㊱「軍死」甲本作「北兵死」三字。
㊲「彝」原作「夷」，依上文及甲本改。

第五十九回

救黃福少碍請代　立陳暠太祖求封

却說儇、碍生獲黃福并圖書典籍等物❶，命車三送回鎭彝❷關聽命。太祖命將圖籍開覽❸，見安南地課乃高駢遺稾，并黃福門弟註❹本在後，太祖笑曰：「黃福自恃名家風水❺，不能保得一身，今日安逃死得❻！」福曰：「我若被刑，是無地理。」太祖曰：「劍已逼頸，猶且不知？」福曰：「只恐有劍，不能弒人，乃自弒耳。」太祖大怒，命推❼出斬之，武士牽❽黃福出，忽見黎公儇抱住，少碍向前稽首，請代尚書❾，太祖曰：「我殺寇讎，公何救解？」少碍奏曰：「臣與公儇本受業❿尚書，方生獲時，師生之誼⓫，釋之亦宜，第念君臣之道，不敢狥私，故解回稟納，臣請自代，死亦無憾⓬。」太祖曰：「朕豈殺愛將而赦讐人乎？」阮廌奏曰：「副軍師⓭使儇、碍伏兵于此，意必欲使二將報師儒⓮之義也。」善曰：「果然，昔日遣二將，已決然獲福，必不敢以私滅公，獻俘帳中，是臣事君以忠，請代刀前，正事師以義，請主上宥之，使二人得忠⓯義兩全可也。」太祖乃赦。黃福入謝，言曰：「南國之民，勞於兵革，請大王班師釋旅，回守南邦，致某回朝，奏請息兵，俾兩國安然無事，則天下之大幸也。」太祖曰：「諾。」福辭回，太祖目送，善、廌餞至途中方還⓰，公儇、少碍以一千兵送行，出隘關，其土豪餽以餱糧，乘以肩輿⓱，贈以⓲金帛出境。二人拜伏涕泣，福諭曰：「黎王英雄之主，汝事之得矣。宜回勸王息兵

⑲正位，遣使交通講和，無人敢往，自請行之，此時師弟相遇矣」。」言畢相別。福至龍州，悉以所贈歸之官。時沐晟、李震擁兵于雲南，不敢進，福先遣書召沐晟等還，後遣人往南寧逮顧興祖下獄。僎、碍返回鎮彝入謝，忽有人報陳暠⑳自老撾回，太祖率群臣文武出門迎候，入帳中，敍寒暄畢，黎善曰：「明主始回，而交趾未下，請將兵問罪，豈置他人鼾睡于臥側㉑乎？」太祖曰：「善。」遂拔㉒兵進攻交趾，時王通知柳昇等已死，惶懼束甲詣軍門，請與太祖立壇爲盟退師，太祖許允㉓，令修表請封陳嵩。王通遣指揮闞忠與太祖所遣人奉表及方物前往。表曰：

安南臣㉔陳暠叩首上言：臣陳日熞㉕三世孫，曩被賊臣季犛父子篡國，殺戮陳族，臣奔老撾，以延殘命，今二十年。近者國人聞臣尚在，逼臣還國，衆云天子旣平胡寇，即有詔旨訪求陳王子孫立之，一時未得，乃建郡縣，今皆欲臣陳情請命，仰恃天地生成之德，奉表上謝㉖。

明宣宗覽表，密示張輔，輔對曰：「此不可從，將士勞苦數年，然後得之，此表出黎利之譎，當益發兵誅此㉗賊耳。」（請將軍同進㉘。）尚書蹇義、原吉皆言不宜棄成功，示我以弱。大學士楊士奇、楊榮言曰：「興兵以來，天下無寧歲，今瘡痍未起，而復勸之兵㉙，臣不忍聞。且求立陳氏後㉚者，大宗皇帝心也，求之不得，而後郡縣，禍亂相尋，至深廑先帝憂，今因其請撫而建之，以安其民，於計大使，漢棄殊崖，前史榮之，安在爲示弱乎？」宣宗曰：「卿二人言是，先帝意朕固知之。」明日，出嵩表示群臣，且喻以息兵養民之意，群臣頓首稱善。於是以禮部侍郎李琦、工部侍郎羅汝敬充正使，通政使黃雲、少㉛卿徐永達爲副使，詔諭安南言：「陳後裔尚在，國人乞封暠爲㉜王，永奉職貢，其頭目大小，俱以寔對，即遣使受對，如洪武故事。」又勅王通幷內外鎮守三司衞所各府州縣文武吏士即曰舉衆㉝來歸。正是：

南邦定是南邦主，北國還為北國臣。

未知來歸如何，且聽下文分解。

【校勘記】

❶「等物」甲本作「各項」。

❷「彝」原作「夷」，依上文改。

❸「開覽」甲本作「觀看」。

❹「註」原作「往」，依甲本改。

❺「名家風水」甲本作「風水名族」。

❻「死得」甲本作「其死」。

❼「推」原作「催」，依甲本改，又「命」甲本作「令」。

❽「牽」甲本作「推」。

❾甲本「尚書」下有「之死」二字。

❿甲本無「本」字，「業」下有「黃」字。

⓫「誼」原作「議」，依甲本改。

⓬甲本無「死亦無憾」四字。

⓭「軍師」甲本作「將軍」。

⓮「師儒」甲本作「業師」。

⓯「忠」字依甲本補。

⑯甲本無「方還」二字。

⑰甲本無「乘以肩輿」四字。

⑱「以」字依甲本補。

⑲「息兵」甲本作「卽」。

⑳「暠」甲本作「嵩」，下同。

㉑甲本無「于臥側」三字。

㉒「拔」甲本作「将」。

㉓甲本無「太祖許允」四字。

㉔「臣」甲本作「主」。

㉕「煒」甲本作「奎」。

㉖「奉表上謝」原作「請奉表上請」，依甲本改。

㉗甲本「此」下有「逆」字。

㉘甲本無注。

㉙「復勸之兵」甲本作「又動兵」。

㉚「後」字依甲本補。

㉛「少」甲本作「上」。

㉜「為」字依甲本補。

㉝「衆」原作「家」，依甲本改。

第六十回

陳暠歸神南宮裡　黎利即位東閣中

却說宣宗勅王通等班師回朝，蔡福不幸卒于東關，太祖命取棺槨貯殮❶，再令將前北將陣死燒灰，藏以❷木函，送回東都門外，設壇遣北朝將士臨祭，太祖率將士出奠畢，先遣北兵載歸內地安葬，王通辭太祖返回。

丙午九年（明宣宗三年）閏四月，王通至京，群臣交劾通與梁瑛崔聚等廷鞫，王通失律，喪師棄地，山壽回護叛賊，馬騏激變邊方，皆論死，詔何忠復其家，梁瑛等坐罪有差，詔褒封安南死❸事死節之臣，至如朱廣、葺聚、魯貴、李忠等❹皆伏誅，黃福、沐晟免議不題。却說太祖送王通時，接見明使李琦等至，和與太祖回宮❺館安歇，太祖命設宴相待，忽有❻衞士出報曰：「陳暠痛瀉，甚於❼危急。」太祖大驚，辭明使回宮中問安，及至，則陳暠氣已❽絕矣。太祖大哭曰：「天使南國無主耶？何奪陳暠之速！」李琦亦來問訊，果然陳暠死了，李琦曰：「天不昌陳，人謀徒費耳。」太祖命群臣行殯葬禮畢❾，始出宮舘，與明使議事。李琦曰：「明公自爲之，上表言暠死，陳請理國政。」太祖曰：「某若舉此，後世必謂黎利篡陳暠而得國，我不爲也。」群臣皆曰：「主上固意不爲，諸將失望，舉皆盡散，寇亂復興，則天下無遺類矣。」言了，見百姓耆老共來請大王即帝位，李琦等言曰：「人心如此，安能逃乎？」太祖乃聽。即修表擇人如明，諸將疑慮❿不敢往，公僎欣然請行，太祖許允，乃⓫遣黎公僎往使，並送還北國大小將佐三十人，士卒一萬五千一百七十人⓬，馬千二百四十四⓭，隹死者無算。李琦等與公僎至北京，具表上奏，宣宗召群臣會議曰：「先是文皇時用兵幾度，自討不臣，力言交趾古羈縻之國，通正朔時賓貢而已，得其地不足郡縣，文皇不悅，至是言始驗云，雖黎利此表⓮，眞贋未知，然業已置之，不必復問。」張輔奏曰：「黎利反覆，抗拒王師，請下公僎獄⓯，殺之便了。」宣宗允旨⓰，逮僎下獄。數日，輔命取公僎出，以畔壳膠兩目，置于城邊絕食，然後入奏。時黃福回朝，見一人披衣仰臥在城邊，望之，乃公僎，福默然。諸臣問曰：「南使饑餒如此，安得穩臥？」公僎曰：「吾晒乾五經笥耳。⓱」黃福回家，令制糠米丸，密置襪⓲中。至城邊⓳以手放入，僎摸得，拾而食之，七日充飽，宣宗遣人出探，見公僎危⓴然吟咏不輟，使回具奏，宣宗問黃福曰：「醫書七日不食則死，今南使已九日矣，如何不死？」福對曰：「臣觀其人聰明俊異，非是凡品，如此不死，必有神靈㉑，望陛下釋之。」宣宗命赦公僎，召入朝候旨。公僎得釋，入文華殿拜謝。宣宗曰：「朕有一部大學演義，錯滅不全，汝暗寫詳悉，候朕放回。」僎領旨命，請紙筆坐于龍廷㉒，下筆滔滔不竭，并上下大小脚註不舛一處㉓，進呈，宣宗嘆獎不已，賜勞斥云。公僎回至安南，入拜謁㉔畢，群臣奏請太祖陞東關，擇日即皇帝位，建國號大越，紀元順天，丙午順天元年。秋八月丙午㉕，大赦天下，封賞功臣，拜阮廌爲太保，濟文侯，黎善爲太傅，興邦公，善固辭曰：「善幸爲皇弟，此已極矣，不敢豫聞國政。」乃止。於是陞擢大小㉖官僚，褒贈諸死節㉗之臣，開科取士，文書調役，務從寬簡，天下太平，四民樂業，朝廷閒暇，邊境㉘無虞，誠一虞、周之宇宙，始知有大德者天與之，人歸之㉙，固不恃富強而天下自治矣。

【校勘記】

❶「殮」原作「殓」，依甲本改。
❷「以」甲本作「於」。
❸「死」原作「北」，依甲本改。
❹「茸」甲本作「崔」。「魯」甲本作「杜」。「等」字依甲本補。
❺「宮」原作「宦」，依甲本補。
❻「有」字依甲本補。
❼「於」甲本作「是」。
❽「已」字依甲本補。
❾「命」甲本作「分令」。「行」上原有「用」字，依甲本刪。
❿「慮」甲本作「訝」。
⓫「乃」字依甲本補。
⓬甲本作「一萬五百七十人」。
⓭甲本無「千」字。
⓮「表」甲本作「時」。
⓯「下公僎獄」甲本作「下獄公僎」。
⓰甲本無「宣宗允旨」四字。
⓱原字漶漫，依甲本作「笥」。

⑱「機」原字漶漫，似是「穖」字，今依甲本。
⑲「至城邊」三字依甲本補。
⑳「危」甲本作「巍」。
㉑「靈」甲本作「助」。
㉒「龍廷」甲本作「殿庭」。
㉓「處」甲本作「宇」。
㉔「拜謁」原作「謁拜」，甲本作「拜謁拜」，依文意改。
㉕甲本無「丙午」二字。
㉖「大小」二字依甲本補。
㉗「諸死節」甲本作「節義」。
㉘「境」字依甲本補，「邊」下原有旁注，唯字漶漫不可識。
㉙「人歸之」三字依甲本補。